恋♥友☆運命 ぜ〜んぶわかる!

うらない

スペシャル☆

監修
キラかわ☆
うらない研究会

JN080225

ナツメ社

恋♥友★運命 ぜ〜んぶわかる！
うらないスペシャル☆
もくじ

特別カード！
タロットカード
もふもふカード

p241からの「タロットカードうらない」とp225からの「もふもふカードでおまじない」で使うカードが巻頭についているよ。ハサミの線にそってていねいに切り取ってね！

Part 1

不思議とよく当たる！

幸運の輪 うらない

うらない／浅野八郎

「幸運の輪」と呼ばれるミステリアスなうらない盤を
しょうかいするよ！ 輪の中にえがかれているのは、
エジプトのいせきの柱にきざまれた、15コのシンボ
ル。あなたの質問に、古代の神様たちが答えてくれる
よ！

うらない方

1 p7についている「幸運の輪」を使ってうらなうよ。

2 今日のあなたが知りたいと思う質問を次の5つから選ぼう。

今日の運勢	▶▶▶ p8
今日のラブ運	▶▶ p10
今日の金運	▶▶ p12
今日のラッキーアイテム	▶▶ p14
今日のラッキースポット	▶▶ p14

3 目をつむり、知りたい運勢を頭の中で考えながら、p7の「幸運の輪」の好きなところに人さし指を当ててみて。

4 静かに目を開けて、人さし指がどのシンボルを指しているか確かめてね。そのシンボルが答えのヒントを示しているよ！

幸運の輪

目をつむって、知りたい今日の運を考えて「幸運の輪」に人さし指を置くよ。目を開けたとき、指はどのシンボルに？

知りたい運勢のページを見てね！

今日の運勢 ▶▶p8　今日のラブ運 ▶▶p10　今日の金運 ▶▶p12

今日のラッキーアイテム ▶▶p14　今日のラッキースポット ▶▶p14

今日の運勢

予想以上のうれしい結果が出る日。ラッキーにめぐまれるので、願い事はもう少し欲ばってもよさそう。いざとなると助けが得られるはず♪

今日はハプニングが起きやすい日。本当に願っていたものとはちがうけれど、別のことがうまくいくみたい。新しい発見もありそうだよ！

願いがかなう前にジャマが入りそう。今日はあせらないで、のんびり過ごすのがおすすめ。注意力が低下している日だから、けがにも注意して。

今日一日で願いを全部かなえようと急ぐと、トラブルに巻きこまれるかも。今日は年下の子がラッキーを運んでくれるよ。やさしくしようね！

うまくいかなくてあせる日。でもあきらめないで！　協力してくれる人が近くにいるみたいだから、願い事を口に出してみよう。きっとだいじょうぶ。

アクシデントが起きたり、ジャマが入ったりして落ち着かない日。今日は午後３〜５時の間がラッキータイムなので、大事なことはその時間に！

午前中に願い事をかなえるチャンスがやってくるからのがさないで。今日はタイミングがカギ。午前中にひらめいたことはすぐに実行してみよう！

失敗しやすい運気の日。起きてしまったことをクヨクヨ考えるより、キッパリ忘れるのが一番！　今日はお守りを持っていると安心だよ。

今日はあなた自身で問題を解決すると◎。協力してくれる人も現れるけど、たよりすぎないことが大事だよ。午後、うれしいことがあるかも。

ゴカイが起きやすい日。気持ちが伝わりにくく、そのせいで疑ったり、疑われたりしそう。言葉を選んで、根気よくていねいに説明しようね。

よい知らせがやってくる日。ただし、あわてて行動すると思いがけないアクシデントにあいそうなので、次の計画はじっくり考えるといいみたい。

期待はずれになりそうな日。もう一度進むべき方向をハッキリさせるといいみたい。これまでのやり方をふり返ってみて、情報を集め直すと◎。

ラッキーチャンスがめぐってくる日。何もしないでジッとしているのはもったいないよ！あきらめていたことにチャレンジしてみよう。

うまくいっているように見えることに意外な落とし穴がある日。今日はなるべく注意深く過ごして、何事も欲ばらないほうが安全だよ。

ラッキーなこととアンラッキーなことが両方起きる日。どちらの場合でも、この日知り合う人とはこれから先も縁がありそうなので、大切に。

ラブ運

出会いにラッキーが
ある日。好きな相手
がいる人は、おたが
いの気持ちが通じ合いやすい日
だよ。相手が積極的であなたを
ドキドキさせるかも♡

今日出会う相手とは
あまりうまくいかな
い予感。その人には
かくされた面がありそう。気に
なる人だったら友だちの意見も
聞いたほうがいいみたい。

ぶっきらぼうで
ちょっと冷たい態度
の人と縁がある日。
その相手はシャイなだけで、心
の中はホット。仲良くなりたい
と思ったらあなたから行動して。

興味をひかれる人に
出会いそうな日。た
だし今日の縁はあま
り長続きしないかも……。身近
にいる人に目を向けてみると、
意外なミリョクを発見しそう。

何かと口出しをされ
やすい日。新しい出
会いをジャマする人
も現れそう。好きな人がいる場
合はライバルが登場するかも。
友だちに味方してもらおう。

「この人だ！」と思
う人がいたら思い
切ってアプローチし
てみよう！ 待っているだけで
なく、ダメ元でも飛びこむ気持
ちが成功のカギになる日。

今日はゴカイされや
すい日。しんちょう
な会話やひかえめな
行動を心がけたほうがよさそう。
とくに好きな相手には素直に
なったほうがいい結果に。

今日の出会いは恋よりも友情に発展しやすい縁だけど、話題が合うなら大切にしよう。その人の友だちや知り合いから新しい出会いが生まれるよ。

何かが終わり、何かが始まる日。ざんねんだけど片思いの相手とはこれ以上の発展はないかも……。イメージチェンジが今後のラブ運をアップさせるよ。

今日起こす行動には、2週間以内にかならず答えが出るはず。告白するなら今日が◎。告白のときのあなたの印象がステキで相手の心にひびくみたい。

スピーディーな決断と行動がカギとなる日。のんびりかまえているとチャンスをのがしちゃうかも。勇気を出してあなたから話しかけて。

好きな人の心がゆれている日なので、あなたから積極的に動けば恋をゲットできるかも。気になる人が1人でいたら、それがチャンスの合図だよ。

ささいなことでイライラすると、恋のチャンスをだいなしにしてしまうかも。今日はあせらずに自分みがきをがんばったほうがよさそうだよ。

ステキな人との出会いがある日だけれど、相手はまだ本気ではないかも。一対一で会うよりグループで遊ぶ仲間と思っていたほうが正解みたい。

相手の気持ちにズレを感じる日。相手があなたの思うように動いてくれなくてもイライラは×。気持ちを落ち着かせて笑顔を見せるとキズナアップに。

11

今日の金運

おまじないの効果がバツグンの日。おさいふの中にピカピカにみがいた五円玉を入れておくと金運アップ! 生まれ年の五円玉ならさらにラッキーだよ♪

身近にいる人からラッキーがまいこみそうな日! 思いがけないプレゼントやおこづかいが期待できるかも。今日は家のお手伝いを積極的にやると◎。

期待しているほど金運はよくないかも。そのためほしいものをゲットする計画があっても期待はずれに。今日は欲ばりになると金運ダウンなので注意。

金運はあまりよくないとキッパリあきらめたほうがいい日。なるべくお金を使わないようにしようね。自分で工夫して楽しいことを見つけるといいよ。

部屋の整理が金運をアップさせるきっかけになる日。こんなところにこんなモノが!とうれしい発見も。古いものもリメイクすると新しいアイテムに☆

お手伝いをたのまれたら気持ちよく協力すると、ごほうびにいいことがありそう。お返しを期待しないで誠実に行動することが大切。くじ運も◎。

親など身近な大人からサプライズがあるかもしれない日。思いがけないプレゼントには素直に感謝を伝えてね。うれしいと思ったらすぐ言葉にして。

なかなかきびしい金運の日。ムダ使いもしやすいので、気を引きしめないとあとで困ったことに。今日はほしいものを見つけてもガマンだよ！

いつもムダ使いをしていると、今日欲しいものを手に入れられないかも。ふだんの使い方を見直してみて。今日からちょ金をするのもおすすめだよ。

入ってくるお金もあるけれど出ていくお金もある日。油断していると出ていくお金のほうが大きくなりそうだから、計画的に使うようにしてね。

初対面の人との出会いからお金をためるヒントがつかめそう。今日出会う人の話はしっかり聞こう。興味ある話題のときはエンリョなく質問してみて。

今日から始めるちょ金はしっかりたまっていくはず。今はまだ何に使うかわからなくても、いつかかならず必要になるお金だよ！　その日を楽しみに。

思いがけない金運の日。引き出しやバッグや持ちものを整理すると、そこからお金に関するラッキーが☆　お金が見つかっても、ムダ使いはNGだよ！

今日のお金の使い方に注意して！　ムダ使いをしやすい日だよ！　欲しいものがあっても、ちょ金をくずすのは×。後かいすることになるかも……。

ちょっとしたアクシデントがある日。注意力がダウンする今日は気を引きしめて。買う前にねふだを見ることとおつりをたしかめることが必要だよ。

今日の ラッキーアイテム

- コイン
- キーホルダー
- 本（ほん）
- Tシャツ
- 神社（じんじゃ）のお守（まも）り
- 好（す）きな音楽（おんがく）
- ヘアアクセ
- ペンダント
- コロン
- リング
- お茶（ちゃ）
- ぬいぐるみ
- スイーツ
- シール
- 花（はな）

今日の ラッキースポット

- 生物（せいぶつ）とふれ合（あ）う動物園（どうぶつえん）や水族館（すいぞくかん）。
- 緑（みどり）が多（おお）いキャンプ場（ば）や森林公園（しんりんこうえん）。
- よく手入（てい）れされた庭（にわ）や植物園（しょくぶつえん）。
- 人気（にんき）の映画館（えいがかん）やCDショップ。
- スポーツに関係（かんけい）するスポット。
- 大（おお）きめのショッピングモール。
- 川（かわ）や滝（たき）、ふん水（すい）など流（なが）れる水辺（みずべ）。
- にぎやかなお祭（まつ）りやイベント。
- 美術館（びじゅつかん）や博物館（はくぶつかん）、ギャラリー。
- 展望台（てんぼうだい）や屋上（おくじょう）などの高（たか）い場所（ばしょ）。
- おだやかになれる神社（じんじゃ）やお寺（てら）。
- 歌（うた）ったりおどったりできる場所（ばしょ）。
- 落（お）ち着（つ）ける静（しず）かな図書館（としょかん）や書店（しょてん）。
- 花（か）だんのある遊園地（ゆうえんち）や公園（こうえん）。
- 多（おお）くの人（ひと）が行（い）き交（か）う駅（えき）や広場（ひろば）。

14

星座×血液型でバッチリわかる！

48人♀♂の

細密研究

うらない／森井ゆうも

血液型うらないだけ、星座うらないだけじゃ物足りない！ その２つのうらないをかけ合わせれば、もっとくわしい性格診断ができちゃうの☆ 自分でも気づかなかった特ちょうや、仲良しのあの子や気になるカレの知らない一面をチェックしちゃおう♪

メイちゃんは
A型（がた）

リンちゃんも
A型（がた）

でも、性格（せいかく）は
ぜんぜんちがう！
何（なん）で？

星座（せいざ）×血液型（けつえきがた）でくわしく診断（しんだん）♪

血液型（けつえきがた）うらないは、その人（ひと）の"行動（こうどう）パターン"を診断（しんだん）できると言（い）われているよ！　でも、同（おな）じ血液型（けつえきがた）の子（こ）でもぜんぜん似（に）ていないっていうこともあるよね。そこで、"性格（せいかく）"を診断（しんだん）できる星（ほし）うらない12タイプと、血液型（けつえきがた）うらない4タイプをかけ合（あ）わせて48タイプに分（わ）ければ、もっとくわしく診断（しんだん）できるというわけ♪

次（つぎ）からの
ページの見方（みかた）

ラブ運（うん）＆フレンド運（うん）
恋運（こいうん）と、友（とも）だち運（うん）の特（とく）ちょうをしょうかいするよ☆　恋（こい）や友（とも）だち関（かん）係（けい）でなやんだときのヒントになるかも！

相性（あいしょう）ベスト3 男（おとこ）の子（こ）・女（おんな）の子（こ）
相性（あいしょう）バッチリの相手（あいて）の星座（せいざ）・血液型（けつえきがた）を男女別（だんじょべつ）でランキングにしたよ。相手（あいて）のページをチェックしよう。ランクインしていない相手（あいて）も、読（よ）めばもっと仲良（なかよ）しに☆

性格（せいかく）
性格（せいかく）の特（とく）ちょうがまとまっているよ。いいところも悪（わる）いところもあなただけが持（も）つ個性（こせい）だから、大切（たいせつ）にしてね♡

おすすめの仕事（しごと）
才能（さいのう）をハッキできる、向（む）いている仕事（しごと）をしょうかいするよ♪　興味（きょうみ）がある仕事（しごと）があったら、くわしく調（しら）べてみて！

○座（ざ）×○型（がた）ボーイ
この星座（せいざ）・血液型（けつえきがた）の組（く）み合（あ）わせの男（おとこ）の子（こ）の性（せい）格（かく）を分（ぶん）せきしているよ。知（し）らなかったカレの一（いち）面（めん）がわかるかも!?

好（す）きな女（おんな）の子（こ）のタイプは？
好（す）きな子（こ）のタイプをインタビュー！気（き）になるカレの星座（せいざ）・血液型（けつえきがた）のページをのぞいて、好（この）みをリサーチして♪

フットワークの軽い アクティブガール♡

おひつじ座

3/21 ▶ 4/19 生まれ

× A型

性格

おひつじ座の積極的なところと、A型のひかえめなところが合わさったバランスのいいタイプ♪ じっくり計画を立てるのも得意だけど、考えをきちんと実行できる行動派な面も！ コツコツ努力をする集中力や、知らないことにチャレンジする勇気も持っているよ☆

♥ラブ運

好きになったら一直線♡ ひと目ぼれも多くて、恋に落ちるのも、全力アタックもソッコー！ 気持ちが冷めるのもあっという間かも!?

★フレンド運

めんどう見がいいから、相談されることが多いよ☆ 正直でやさしくて、意見をハッキリと言えるところに信らいされているはず！

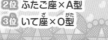

相性ベスト3

男の子

1位 しし座×O型
2位 みずがめ座×O型
3位 いて座×O型

女の子

1位 しし座×A型
2位 ふたご座×A型
3位 いて座×O型

おすすめの仕事

デザイナー
ライター
美容師

Q 好きな女の子の タイプは？

気配り上手な子が好きだな☆ ボクが気がつかなかったことやまちがえてしまったことを、さりげなくフォローしてくれたらうれしい！

おひつじ座 ×A型ボーイ

いつも元気でパワフル！ 心が広くて、たよりがいがあるカレ。いつも一生けん命で向上心があり、人知れず努力をしているタイプだよ☆ いちずなところもミリョク的♪

おひつじ座

3/21
▶4/19
生まれ

× B型

おすすめの仕事

タレント
スタイリスト
アナウンサー

ひたすら前へ前へ！
全力ストレート女子♪

性格 おひつじ座のスピーディーなところに、B型のしょう動的な性質がプラスされて、とっても活動的なタイプ☆ 思いついたことはソク行動♪ 何事も、自分でやってみないと気がすまないみたい！ ウソが大きらいで、何に対しても真っすぐ向き合う、全力投球ガールだよ♡

♥ラブ運
恋に落ちたらまわりが見えなくなっちゃう！ ライバルがいてもおかまいナシでどんどんアピールするよ☆ 恋の経験は豊富なタイプ♡

★フレンド運
だれにでもハッキリと意見が言えて、ウラオモテがなく、細かいことは気にしないところが好かれるよ☆ サッパリとした友だち関係だね！

相性ベスト3

男の子
1位 しし座×AB型
2位 ふたご座×B型
3位 いて座×B型

女の子
1位 しし座×AB型
2位 みずがめ座×AB型
3位 みずがめ座×O型

おひつじ座×B型ボーイ

ヤンチャで子どもっぽいところがあるカレ☆ 気持ちの表現もストレートで、明るくてみんなに人気のガキ大将タイプだよ！ でも、恋になると意外にオクテになっちゃうかも。

Q 好きな女の子のタイプは？

ちょっぴりひかえめで、やさしい女の子が気になる！ はずかしいけど、おとなしい女の子を自分がリードして楽しませてあげたいと思うんだ。

めんどう見がいい☆みんなのリーダー！

おひつじ座
3/21 ▶ 4/19 生まれ

× O型

性格

おひつじ座の大たんなところと、O型のしんちょうさをかねそなえているよ！　なやむこともあるけれど、基本的には積極的で行動派♪　負けずぎらいで目立ちたいタイプだから、人の前に立つことも好き！　みんなに認められるためにがんばる努力家さんだよ♡

♥ ラブ運 ♥

どんな相手にも、迷わず自分の気持ちを伝えるガッツがあるよ！　もし失恋してしまっても、立ち直りが早いからすぐ次の恋にGO☆

☆ フレンド運 ☆

自然とまわりからたよられて、みんなをまとめる役割になるあなた♪　あねごタイプで、友だちみんなにしたわれているはずだよ♡

相性ベスト3

男の子
- 1位 しし座×A型
- 2位 いて座×A型
- 3位 しし座×B型

女の子
- 1位 しし座×B型
- 2位 いて座×A型
- 3位 おひつじ座×O型

おすすめの仕事

役者
記者
起業家

Q 好きな女の子のタイプは？

お姫様みたいに女の子らしい子！　守ってあげたくなるような、かよわいフンイキの子にグッとくる。かわいくあまえられるのも好きだよ。

おひつじ座×O型ボーイ

クラスをまとめるリーダータイプのカレ！　勇気があってハキハキしているところがかっこいい☆　男らしい性格でたよれるから、女の子からも、男の子からもモテモテのはず♡

おひつじ座

3/21
▶4/19
生まれ

×

AB型

おすすめの仕事
研究者
学者
ライター

クールにわが道を行く
自分を信じる女の子♪

性格

おひつじ座の積極性がAB型のクールさでおさえられているタイプ！ でも心の中には負けずぎらいなところがあって、人にたよらずに何でも自分の力でやりたいと思っているみたい☆ アイデアが豊富で集中力もバツグンだから、わが道をどんどん進んでいくよ！

♥ラブ運

恋をするとガラッと人が変わっちゃう！いつもはクールなのにモジモジしたり、どうしたらいいのかわからずまわりに相談したりするかも♡

★フレンド運

まどろっこしくてベタベタした友だち関係はきらい！気の合う仲間と、自分の気が向いたときだけいっしょにいたいと思っているよ。

相性ベスト3

男の子
- 1位 ふたご座×O型
- 2位 いて座×B型
- 3位 しし座×B型

女の子
- 1位 しし座×B型
- 2位 みずがめ座×B型
- 3位 おひつじ座×AB型

★おひつじ座×AB型ボーイ★

おだやかそうに見えて、熱いハートを持っているカレ。とくに恋に落ちたときには、人が変わったようにメラメラと気持ちが燃え上がって、急に情熱的＆行動的になるかも!?

Q 好きな女の子のタイプは？

知的な子にひかれるなぁ。ボクの知らないことをたくさん知っていたり、本を読むのが好きだったりする子とは、おしゃべりするのが楽しいね！

ゆっくりマイペースで着実にがんばる子♡

おうし座
4/20▶5/20生まれ
×
A型

性格

おうし座のマイペースなところにA型のしんちょうさが加わって、ゆっくりと着実に物事を進めるタイプだよ！ 思い切った行動は取らない分、一度決めたことをつらぬき通す意志の強さと、ガマン強さはピカイチ☆ 何事も、危険はさけて行動するタイプだよ！

♥ラブ運♥

すごくオクテ！ 男の子へのけいかい心が強くてなかなか行動に移せないかも。でもいちずだから、つき合い始めると長続きするよ♡

♥フレンド運♥

相手に心を開くペースもゆっくりじっくり。たくさん友だちがいるタイプではないけど、わかり合えた友だちとは深く信らいし合える仲に♡

相性ベスト3

男の子
1位 おとめ座×O型
2位 やぎ座×O型
3位 おうし座×O型

女の子
1位 おとめ座×B型
2位 うお座×A型
3位 おうし座×A型

おすすめの仕事
経理
料理研究家
イラストレーター

Q. 好きな女の子のタイプは？

相手のことをよく知らないうちは、好きにはならないよ。時間をかけて話して、誠実で気が合うな、と思ったら気になるかもしれないな！

おうし座×A型ボーイ

ガンコで意志が強く、ゆずれない自分のこだわりを持っているカレ。しんちょう派な分、人に対しても誠実でやさしいよ♪ ただ、なかなかアタックには応じてくれないかも……。

おうし座

4/20
▶5/20
生まれ

×

B型

心やさしくおだやかな 女の子らしい子♡

性格

おとなしいおうし座の面と、B型の社交的な面をかねそなえているタイプだよ！ のんびり屋な一面もあるけれど、にこやかな表情とミリョク的な話術で、女の子らしい印象を与えるの♡ ちょっぴり受け身なところがあって、たのまれると断れないやさしい心の持ち主。

♥ラブ運

ちょっぴり気が多くてほれっぽいところが！ 直感派だから、一目ぼれをすることも多いはず♡ よ～く相手を見極めることが大事だよ☆

★フレンド運

いつもおだやかで社交性があるから、仲のいい友だちもたくさん♪ グループの中では、妹的なそんざいとしてかわいがられているよ♡

おすすめの仕事

事務
ピアノの先生
習字の先生

相性ベスト3

男の子

1位 おとめ座×AB型
2位 おとめ座×O型
3位 かに座×B型

女の子

1位 おとめ座×AB型
2位 かに座×A型
3位 やぎ座×O型

おうし座×B型ボーイ

ほんわかした外見だけど、ねばり強さを持っているカレ。やると決めたらとことんつきつめるタイプだから、シュミや勉強に打ちこむと、他のことを忘れて熱中しちゃうかも!?

Q 好きな女の子のタイプは？

明るくて、おしゃべり好きな女の子とならデートも盛り上がりそうだね！ それでボクとシュミが合う子だったら、もっと楽しめそうでいいかも☆

ねばり強さピカイチ！
心の強い女の子☆

おうし座 ×○型

4/20▶5/20 生まれ

性格 おうし座のマイペースさとO型のおおらかさが合わさって、しんちょうでしっかりした性格！ おうし座の中でもとくにじっくり派だけど、一度たのまれたことは絶対に最後までやりとげるよ☆ 何事もあきらめない、しんの強さを持っているところがミリョク♡

♥ラブ運♥

恋に対してもかなりしんちょう派で、なかなか発展しないこととも。だからこそ一度気持ちが通じると、カレ以外何も見えなくなっちゃう♡

★フレンド運★

コロコロ気分が変わることはなく、安定しているところが好かれて、友だちに囲まれているよ！ 親友とは何でも話せる仲のはず♪

相性ベスト3

男の子

1位 おとめ座×A型
2位 やぎ座×A型
3位 おうし座×A型

女の子

1位 おとめ座×B型
2位 かに座×A型
3位 やぎ座×O型

おすすめの仕事

学芸員
デザイナー
小説家

Q 好きな女の子のタイプは？

家庭的な女の子にひかれちゃう。料理が上手だったり、家庭科の授業で活やくしていたりすると、いい奥さんになりそうでステキだよね♡

★おうし座×○型ボーイ★

のほほんとしているように見えて、じっくり着実に行動するカレ。パッと目立つほうではなくても、最後には大きな結果を残すよ！ 恋もゆっくり関係を温めるのが好きみたい。

おうし座
4/20 ▶ 5/20 生まれ
× AB型

いつでもフラットな ミステリアスガール♡

性格 おうし座のおだやかさに、AB型のミステリアスさがプラスされて、いつでも落ち着いて見えるタイプ！何を考えているのかわからないところがミリョク的で、人の目を引くよ♡ 敵を作らずみんなと仲良くするけど、本心はだれにも明かさない……なんてことも!?

♥ラブ運
心の中には熱～い恋のほのおが燃えているけど、態度にはぜんぜん表さないよ！クールで、恋をしていることはまわりに気づかれないかも！

★フレンド運
だれに対しても公平に接するから、みんなから信用されているはず！ふだんはかくしている本当の気持ちは、親友に打ち明けて♪

おすすめの仕事
芸術家
学芸員
司書

相性ベスト3

男の子
1位 おとめ座×AB型
2位 おとめ座×B型
3位 かに座×B型

女の子
1位 おとめ座×B型
2位 うお座×B型
3位 おうし座×A型

★おうし座×AB型ボーイ★

だれに対しても誠実に接するカレ。心配りが細やかで、マメな気づかいで密かな人気があるよ！ ところが恋のことになると、自分からは何もできない、シャイなところが出現！

Q 好きな女の子のタイプは？

照れくさくて自分からは話しかけられないから、積極的にアタックしてくれる子がいいな！ グイグイ押されたらつい好きになっちゃうかも。

何でもこなせちゃう
器用な実力派ガール☆

ふたご座
5/21 ▶ 6/21 生まれ

× A型

性格

シゲキを求めるふたご座の一面と、落ち着いたA型の一面をあわせ持つあなた☆ その二面性から、まわりからはギャップがあると見られることも。何でも器用にこなせてフットワークも軽いけど、きちんと自分で判断できる力もあるから、実力派として認められるよ♪

♥ ラブ運 ♥

自分とちがうものを相手に求めるタイプだよ♡ 年のはなれた人やおぼっちゃまを好きになることも。将来は国際結婚もありえるかも!?

フレンド運

さそわれたらすぐにOKする、ノリのよさが好かれているはず♪ 新しい遊びを思いついたら、みんなに提案すると楽しめそうだよ！

相性ベスト3

男の子

1位 みずがめ座×O型
2位 てんびん座×O型
3位 おひつじ座×AB型

女の子

1位 みずがめ座×A型
2位 てんびん座×A型
3位 ふたご座×O型

おすすめの仕事

記者
編集者
レポーター

Q 好きな女の子のタイプは？

いっしょにいてシゲキを感じられる女の子がいいな♡ びっくりするような一面や、意外な特技を持っていると、ギャップにグッとくるよ！

★ ふたご座 ×A型 ボーイ ★

友だちはたくさん！ 人気があって顔が広いカレ☆ 決まったグループにとらわれず、女の子の友だちも多いみたい。カレの特別なそんざいになるには、カクゴが必要かも!?

ふたご座
5/21 ▶ 6/21 生まれ
×B型

トークならおまかせ！ かしこい人気者女子♡

性格

ふたご座とB型の素質が合わさり、おしゃべり上手で人気者のあなた☆ 細かいことは気にしない愛されキャラだけど、じつは頭の回転が速いよ。かしこくてするどいから、いつもいろんなことを計算して考えているのかも。明るさと頭のよさの二面性がミリョク的♡

♥ラブ運♥

ラブに対してのフットワークが軽いよ♡ いろんな男の子とつき合って、合わないと感じたらあっさりさよならして次！なんてことも!?

★フレンド運★

トーク力バツグンでジョークも得意だから、まわりにはいつも自然と人が集まってくるはず☆ みんなを楽しませる才能があるみたい♪

おすすめの仕事

タレント
通訳
トレーダー

相性ベスト3

男の子
1位 みずがめ座×AB型
2位 てんびん座×B型
3位 みずがめ座×O型

女の子
1位 ふたご座×AB型
2位 てんびん座×AB型
3位 みずがめ座×O型

★ふたご座×B型ボーイ★

ノリがよくておもしろいカレ。楽しいことが大好きで、いつも遊んでいるように見えて、やらなくちゃいけないことはきちんとこなすタイプ！ 恋ではちょっと気が多いところも!?

Q 好きな女の子のタイプは？

かしこくてしっかりした子が好きかな！ ボクに負けないくらいおしゃべりな人気者で、頭の回転が速い子はいっしょにいて楽しそうだよね♪

好奇心おうせいな チャレンジガール♪

ふたご座 ×O型

5/21 ▶6/21 生まれ

性格

ふたご座とO型の好奇心の強さが合わさった、行動力と情報を素早くキャッチする能力を持っているよ！1つに集中してじっくり打ちこむことはニガテで、いろんなことをちょっとずつ体験してみたいタイプ☆ こわいもの知らずで、チャレンジ精神もおうせいだよ♪

♥ラブ運♥

ちょっぴり気が多くて、恋への好奇心が強いタイプ！恋がかなったときにはもうあきちゃって、次の相手に心変わりしているかも!?

★フレンド運★

明るく元気なフンイキで、はば広い友だち関係を築くタイプ。流行にビンカンで情報ツウだから、あなたにあこがれている子も多いよ☆

相性ベスト3

男の子	女の子
1位 みずがめ座×A型	1位 てんびん座×O型
2位 てんびん座×A型	2位 みずがめ座×B型
3位 しし座×A型	3位 しし座×O型

おすすめの仕事

キャビンアテンダント
広告関係
インタビュアー

Q 好きな女の子のタイプは？

はなやかな女の子にひかれるよ♡ いつもニコニコしている、かわいらしい子にキュンとするな。あと、ほめられると気になっちゃう！

ふたご座×O型ボーイ

おしゃべり上手でかしこく、会話を盛り上げるのが得意なカレ。器用で女の子の心をくすぐるもの上手だから、けっこうモテるタイプのはず！恋の理想はちょっぴり高めかも。

ふたご座
5/21 ▶ 6/21 生まれ
× AB型

みんなのあこがれ！ハイセンスガール☆

性格

初めてやることでもすぐにコツをつかんじゃう、カンのいいあなた！　センスがバツグンで何でも吸収できるから、まわりからは一目置かれる、あこがれのそんざいだよ♪　だれにでも同じようにやさしくできるけれど、じつは好ききらいがハッキリしているところも。

♥ラブ運

経験豊富な恋多き女の子だよ！　その反面、意外と心の中は冷めていて、夢中になって恋をするという可能性は、かなり低めかも。

★フレンド運

人当たりがやわらかいところがミリョクだよ！　まわりを和ませる、あなたのやさしいフンイキにひかれる友だちがいっぱいいるはず♪

おすすめの仕事

ジャーナリスト
旅行関係
教師

相性ベスト3

男の子
1位 みずがめ座×AB型
2位 てんびん座×AB型
3位 みずがめ座×B型

女の子
1位 おひつじ座×B型
2位 てんびん座×B型
3位 しし座×B型

★ふたご座×AB型ボーイ

センスがバツグンで、スマートなカレ♡　さりげない気づかいも上手で、ベタベタした関係は好まないみたい。大人っぽいフンイキに、メロメロになっちゃうファンも多いはず。

Q 好きな女の子のタイプは？

センスのいい子が好きだな！　さりげなくおしゃれで、見た目に気を使っている子にはドキッとする。買いものデートも楽しそうだよね！

天使みたいにやさしい 愛情深い女の子♡

かに座
6/22 ▶ 7/22 生まれ

×

A型

性格

かに座の母性本能と、A型の温かさが合わさって、愛情深くてやさしいあなた♡ 感受性が豊かで愛情表現も上手。そばにいる人のことをとても大切にするよ！ 天使のようなあなただけど、気持ちをおさえるのがちょっぴりニガテで、感情が表に出やすい一面も。

♥ラブ運

カレのことを遠くから見つめているだけで十分幸せ♡というタイプ！ カップルになってからも、カレといっしょにいるだけで最高の気分♪

★フレンド運

友だち思いで、仲間のためなら何でもするよ！ 逆に、あまり親しくない子にはなかなか心を開かないかも。少しずつ仲間を増やそう☆

相性ベスト3

男の子
1位 さそり座×O型
2位 かに座×O型
3位 うお座×O型

女の子
1位 さそり座×A型
2位 かに座×A型
3位 かに座×AB型

おすすめの仕事

パティシエ
調理師
栄養士

Q 好きな女の子のタイプは？

ボクをたよってくれる子には胸がキュンとしちゃうな！ 言葉づかいがきれいでやさしいフンイキの、ピュアな女の子を好きになるかも。

かに座×A型ボーイ

やさしくて、人の世話を焼くのが上手なお兄ちゃんタイプのカレ！ 年下の子をまとめたり、助けたりするのが得意だよ☆ でも意外に、一度おこり出すと止まらない可能性も！

かに座

6/22
▶7/22
生まれ

× B型

やさしさいっぱい！サポート上手な女の子

性格

情に厚くてギリがたい、親切心のあるあなた♡　やさしすぎてちょっぴりお人よしだから、たのまれたことを断れなかったり、まわりに流されたりしちゃう可能性も！　新しいことにチャレンジするよりも、好きなことをコツコツと積み重ねていくのが好きなタイプだよ♪

♥ラブ運♥

ほれっぽくて、恋をすると相手にとことんつくしちゃうタイプ☆　好きな相手をふり向かせるためなら、どんな努力もおしまないよ♪

★フレンド運★

友だちの気持ちをいつもよく考えているよ！　めんどう見がよくて気配り上手だから、グループではみんなを支える大事な役割のはず☆

おすすめの仕事

介護士
看護師
ケアマネージャー

相性ベスト3

男の子		女の子
1位 さそり座×AB型		1位 うお座×B型
2位 かに座×AB型		2位 かに座×AB型
3位 うお座×O型		3位 さそり座×O型

★かに座×B型ボーイ★

仲間意識が強くて、決まった友だちと遊ぶのが好きなカレ。味方にはとことんやさしくて、つくすタイプだよ！　結婚したら、何よりも家庭を大事にしてくれるパパになりそう♡

Q 好きな女の子のタイプは？

ボクを信じて、ついてきてくれる子は全力で守りたいと思うよ！　それからボクはちょっぴりヤキモチ焼きだから、シットさせないでほしいな。

仲間思いで温かい お母さんタイプの子♪

かに座
6/22▶7/22 生まれ
×
○型

性格

かに座×○型は、一言でいうとお母さんみたいなタイプだよ☆けっこう現実的で、冒険したり夢を見たりするよりも、まず目の前の問題にどう取り組むかを考えているよ。家族や仲間思いで、自分の大事な人たちを幸せにしたいという気持ちが強い、温かい女の子♪

♥ラブ運

かわいくて、ほうっておけないタイプの男の子に恋をするみたい。カレには自分がいなくちゃダメ、と思うことから恋が始まりそうだよ♡

★フレンド運

ゆったりとしていてたよりになるあなたは、みんなにとっての相談役だよ！何かと世話を焼いてあげちゃうところが、人気のヒケツ♪

男の子

相性ベスト3

女の子

1位 さそり座×A型
2位 かに座×A型
3位 うお座×B型

1位 さそり座×B型
2位 かに座×○型
3位 うお座×○型

おすすめの仕事
雑誌編集者
介護士
ハンドメイド作家

Q 好きな女の子のタイプは？

家庭的な女の子にはグッとくるな！ステキな奥さんになりそうな、やさしくてひかえめな子なら、いっしょにいるだけでいやされそうだよね。

★かに座×○型ボーイ★

おだやかで、クラスのリーダー役の男の子のとなりに立つタイプ！でも心の中にはガッツを秘めていて、いざというときにはどんな相手にも立ち向かう、強いところもあるの♡

かに座

6/22 ▶ 7/22 生まれ

×

AB型

ニコニコやさしい♡ 笑顔のステキな女の子

性格

やさしいお姉さんみたいなタイプのかに座×AB型！ いつもニコニコしていて、世話好きなところはかに座だけど、自分のことは人に明かさないのが、AB型の部分。新しいことや変化が少しニガテで、どちらかというと決まったルーティンを好む、マジメなところも♪

♥ラブ運♥

恋に恋するタイプで、好きなカレのことは王子様みたいに見えちゃうよ☆ ロマンティックでドラマみたいな恋にあこがれているはず♡

★フレンド運

持ち前のめんどう見のよさをハッキして、グループのまとめ役やリーダー役になることも多そう。自分の本音も友だちに話すと仲が深まるよ！

おすすめの仕事

看護師
保育士
接客業

相性ベスト3

男の子

1位 さそり座×AB型
2位 かに座×AB型
3位 さそり座×B型

女の子

1位 さそり座×B型
2位 かに座×B型
3位 うお座×A型

★かに座×AB型ボーイ★

やさしくて、人の相談に乗ることや、人の手助けをするのが上手なカレ。目立つタイプではなくても、みんなに好かれているよ♡ じつはロマンティストで、恋の理想は高いかも。

Q 好きな女の子のタイプは？

女の子は女の子らしくてかれんな子が一番！ かわいらしい服が似合っていて、女子力が高くて、何でも完ぺきな子がいたら理想的だよね♡

32

みんなの中心的そんざい！
天性のリーダー女子☆

しし座
7/23 ▶ 8/22
生まれ
× A型

性格 しし座の女王様的側面と、マジメなA型の部分が合わさったタイプ！ みんなとにぎやかに過ごすのが大好きで、何をやっても、まわりより上手にこなせちゃう実力派な一面も☆ だけど意外と1人になったら無口で大人しくなるのは、A型の部分が出てくるからかも。

♥ラブ運♥
見た目も中身も完ぺきな男の子が好き☆ビシッとエスコートしてくれるような、スマートでかっこいいカレとデートするのが夢みたい♡

★フレンド運★
みんなのリーダーとして、グループの先頭に立つ役割になることが多そうだね。あなたについてきてくれる友だちがいっぱいいるはず☆

相性ベスト3

男の子	女の子
1位 いて座×O型	1位 いて座×A型
2位 おひつじ座×O型	2位 おひつじ座×A型
3位 てんびん座×A型	3位 てんびん座×A型

おすすめの仕事
歌手
モデル
タレント

Q 好きな女の子のタイプは？
ちょっとお姉さんっぽくて、サポートしてくれるような女の子が好みだよ。女の子にストレートにほめられると、すぐにキュンとしちゃうかも！

しし座 × A型 ボーイ
自信とプライドに満ちた、オレ様タイプのカレ。みんなの前に立って目立つのも大好き！ でも意外とせんさいだったり、子どもっぽいところがあったりして、にくめないよ。

しし座
7/23 ▶ 8/22 生まれ
× B型

みんなとワイワイ！明るい大たんガール☆

性格 しし座×B型は陽気で社交的なタイプ！　ハデ好きで、とつぜんまわりをびっくりさせてしまうような大たんな行動を取ることもありそう。人に囲まれているときが、一番いきいきとしているよ！　その分、じつはけっこうさびしがり屋で、1人でいるのはニガテかも。

♥ラブ運

恋をしたら、ストレートに相手へ思いを伝える勇気があるよ！　目立つしモテモテだから、相手には困らなくて恋の経験も豊富に☆

★フレンド運
その華やかさにひかれて、あなたと仲良くなりたいと思っている子はたくさんいるはず！　気前のよさがみんなに好かれているよ♡

おすすめの仕事
女優
シンガーソングライター
デザイナー

相性ベスト3

男の子
1位 いて座×AB型
2位 いて座×O型
3位 ふたご座×AB型

女の子
1位 いて座×AB型
2位 しし座×AB型
3位 ふたご座×B型

しし座×B型ボーイ

何でもトップになりたくて、つねにナンバーワンを目指すタイプ。エネルギッシュでたのもしく、ストイックだよ。好きな子の前でついかっこつけちゃうかわいいところも！

Q 好きな女の子のタイプは？

元気いっぱいで、努力をしている女の子はステキだと思うな！　目標に向かってがんばっている姿は、キラキラしていてまぶしいよ☆

しし座

7/23 ▶ 8/22 生まれ

× O型

いつも堂々としている かっこいいあねご☆

性格

しし座のリーダー気質な部分と、O型のあねご気質な部分が組み合わさったタイプ！ 曲がったことは許さない強い心と、細かいことはこだわらない器の大きさがミリョク的☆ 自然と注目されやすいから、どきょうもあって、いつも堂々とした態度がかっこいいよ！

♥ラブ運♥

ロマンティックでラブラブな恋を夢見るあなた♡ でも、意外と相性がいいのは安定感のある、落ち着いたカレかも。結婚も考えられるはず。

★フレンド運★

だまっていても、まわりに人が自然と集まってくるタイプ！ 正義感が強くてしっかりしているところもみんなに好かれるポイントだよ♡

男の子

相性ベスト3

女の子

	男の子	女の子
1位	みずがめ座×A型	いて座×B型
2位	いて座×A型	おひつじ座×A型
3位	ふたご座×A型	ふたご座×O型

おすすめの仕事

タレント
アナウンサー
舞台役者

Q 好きな女の子の タイプは？

特技とかセンスとか、何か光るものを持っている子には注目しちゃうな！ 尊敬するし、おたがいに高め合うことができそうでステキだよね☆

★しし座×O型ボーイ★

男気があって、しし座の中でもとくにボスっぽいのがカレ☆ おおらかで細かいことは気にしない、どっしりとかまえたタイプだよ！ 実力もかねそなえたところがミリョク的♪

しし座
7/23 ▶ 8/22 生まれ

×

AB型

みんなを楽しませる 理想的なリーダー☆

性格　しし座の強い部分を、AB型のクールさがおさえている、バランスのいいタイプ！　1人よがりではなく、みんなの意見を聞いて考えることができる、いいリーダーだよ☆　少し気まぐれなところもあるけれど、ユーモアがあって人を楽しませる才能にあふれているみたい♪

♥ラブ運
男の子の好みがハッキリしているみたい。一度好きになると、だれに相談することもなく、1人の力でモーレツアタックしちゃうかも♡

★フレンド運
みんなのために一生けん命がんばるあなたの姿を、まわりの子が見てくれているよ☆　人望のあつい、したわれるリーダーになれそう！

おすすめの仕事
政治家
弁護士
ニュースキャスター

相性ベスト3

男の子
1位	いて座×AB型
2位	ふたご座×B型
3位	ふたご座×AB型

女の子
1位	みずがめ座×B型
2位	いて座×B型
3位	ふたご座×A型

しし座×AB型ボーイ

いつもみんなの輪の中心にいるタイプのカレ！　ミエっぱりで、ちょっぴりゴーインなところもありそう。好きなタイプの子を見つけると、自分からどんどんアタックするよ☆

Q好きな女の子のタイプは？
底ぬけに明るい、ひまわりみたいな子がいいな♡　いっしょにいて元気になれそう。さわやかな笑顔を向けられたらドキドキが止まらないよ！

悪は絶対許さない！真っすぐな女の子♡

おとめ座
8/23▶9/22 生まれ
×A型

性格

おとめ座の着実さに、A型のマジメさがプラスされているよ！だからとてもきちょう面で、何事も手ぬきをしないで最後まできちんとやり通す力があるはず☆　曲がったことは大きらいだから、ズルやいいかげんなことは許せないよ。真っすぐな性格がミリョク的だね♪

♥ラブ運♥

誠実でマジメなタイプのカレが好きみたい♡　おつき合いをするなら結婚！とまで考えているくらい、真けんに恋をしたいと思っているよ♪

フレンド運♥

しっかり者で正義感にあふれるあなたは、友だちからも信らいされているよ☆　悪いことをしたら、仲良しでもハッキリと注意するタイプ！

相性ベスト3

男の子
- 1位 おうし座×O型
- 2位 やぎ座×O型
- 3位 おとめ座×A型

女の子
- 1位 おうし座×A型
- 2位 やぎ座×A型
- 3位 おとめ座×AB型

おすすめの仕事
研究員
税理士
弁護士

Q 好きな女の子のタイプは？

ボクだけを見てくれるような、誠実な女の子はステキだと思うな！　言葉づかいが上品で、おじょう様っぽい子はついつい目で追っちゃうかも。

★おとめ座×A型ボーイ★

マジメできっちりとした、学級委員タイプのカレ！　「カレさえいれば安心！」とみんなが思っているくらい、たよりにされているはず☆　恋にももちろん真けんでいちずだよ♪

何事もうまくこなせる器用な気まぐれガール♪

おとめ座
8/23 ▶ 9/22 生まれ

× B型

性格

きちょう面なおとめ座の部分と、おおざっぱなB型の部分の二面性を持っているあなた！　だからいい具合にじゅうなん性があって、意外と気まぐれなところもあるみたい☆　その分、何事もちょうどよく器用にできちゃうちゃっかりさんだよ♡　得することも多そう！

♥ラブ運♥

ほれっぽいけれど、自分の中でブレーキをかけてきちんと冷静になれるタイプだよ♪　かしこくてやさしい男の子にひかれるみたい♡

★フレンド運

シュミが合う子と仲良しグループになれそう☆　ケンカをすることもあるかもしれないけど、その分大人になっても続く関係になるよ♪

おすすめの仕事
経理
秘書
マネージャー

相性ベスト3

男の子	女の子
1位 おうし座×B型	1位 おうし座×AB型
2位 やぎ座×B型	2位 やぎ座×AB型
3位 かに座×O型	3位 やぎ座×O型

★おとめ座×B型ボーイ

かなりこり性なところがあるカレ☆　物事はコツコツ積み重ねていくタイプ。ガンコでなかなか自分の考えは変えないかも！　男の子は女の子を守るもの！と思っているみたい♡

Q 好きな女の子のタイプは？

きっちりとしていて、清潔感のあるきれいな子が好き！　生活態度がだらしない子やチャラチャラしている子は、ちょっぴりニガテなんだよね。

おとめ座
8/23 ▶ 9/22 生まれ

× O型

夢に向かってがんばる しっかり者女子☆

性格 高い理想と目標を持って、いつも一生けん命に努力をしているあなた♪ 計画を立てる力と、冷静に自分を見つめ直す力があるから、着実に結果を残せるはず☆ フットワークが軽いタイプではないけど、きちんとしたところがみんなから尊敬されているよ！

♥ラブ運♥
気になる相手がいたら、じっくり時間をかけて相手のことを知ろうとするタイプだよ！ 恋人選びの条件がけっこうきびしいかも？

☆フレンド運☆
きっちりしているけれど、人づき合いは上手♥ 心を開いた相手とは、深く信らいし合える関係を築けるよ！ 知り合いも多いはず。

相性ベスト3

男の子

1位 おうし座×O型
2位 やぎ座×A型
3位 おうし座×B型

女の子

1位 おうし座×O型
2位 やぎ座×B型
3位 おとめ座×O型

おすすめの仕事

医者
教師
翻訳者

Q 好きな女の子のタイプは？

おおらかでおっとりした感じの子にひかれるな☆ ボクと反対で、細かいことはあまり気にしない子のほうが相性がよさそうだと思うから！

★ おとめ座×O型 ボーイ ★

計画的で理性的、知性にあふれたかしこいカレ♪ むだなことがきらいで、スケジュールどおりに行動したいタイプ。デートは細かくプランを考えてエスコートしてくれるかも☆

おとめ座
8/23 ▶ 9/22 生まれ
× AB型

かしこくておとなしい
気品あふれる女の子☆

性格

おとなしくて、頭が切れるおとめ座×AB型のあなた♪　一生けん命勉強をしなくても、かんたんにテストでいい点が取れちゃうかも。気品があって何となくゆうがなフンイキがあるから、目立つことをしなくても不思議と人から注目されるミリョクがあるはず☆

ラブ運

恋の理想が高くて、あこがれが強いタイプ。だから好きなカレができても、相手の小さな欠点を見つけるとあっさり冷めちゃうかも!?

フレンド運

まわりをよく観察していて、人の気持ちが考えられるあなたは、みんなから信用される子。友だちに相談されることも多いみたい♪

おすすめの仕事
企業の広報
学者
教授

相性ベスト3

男の子
- 1位 おうし座×AB型
- 2位 やぎ座×B型
- 3位 おうし座×B型

女の子
- 1位 おうし座×B型
- 2位 やぎ座×B型
- 3位 おとめ座×A型

おとめ座×AB型ボーイ

スマートで、しんし的なカレ♡　頭がよくて上品な、生徒会長タイプだよ！　ひそかにカレにあこがれている女の子も多いはず。でも、軽い気持ちでつき合うことはしないよ！

Q 好きな女の子のタイプは？

素直でマジメな女の子が好きだよ！　勉強とか係の仕事とか、やらなきゃいけないことをしっかりやっているところを見ると、えらいなと思う！

てんびん座 ×A型

9/23 ▶10/23
生まれ

大人っぽくてはなやかな みんなのあこがれ女子♡

性格

楽しいこと好きなてんびん座の部分を、落ち着いたA型の部分がカバーしているみたい！ だからバランスよく、はなやかなフンイキを持っているよ♡ 人当たりもさわやかで、どこか上品なオーラをただよわせているはず♪ いつもよゆうがあって大人っぽいタイプ☆

♡ラブ運♡

自然と男の子の目をひくタイプだから、恋の相手には困らなさそう☆ あなたのちょっとした一言が、相手をドキドキさせているかも!?

★フレンド運★

女の子から見てもあこがれの的！ あなたと仲良くなりたいと思っているクラスメイトも多いはず。あなたから話しかけてみよう♪

相性ベスト3

男の子
1位 しし座×O型
2位 みずがめ座×B型
3位 おひつじ座×O型

女の子
1位 みずがめ座×A型
2位 しし座×A型
3位 いて座×AB型

おすすめの仕事

モデル
メイクアップ
アーティスト
スタイリスト

Q 好きな女の子のタイプは？

ちょっと個性的な女の子に目をひかれちゃうな。みんなと同じことをしている子より、何かその子だけのセンスが光っている子が好き！

★ てんびん座 ×A型 ボーイ

都会的なセンスがあって、ふるまいがスマートなカレ☆ みんなの人気者で、カレ自身もみんなと仲良くしたいと思っているみたいだよ♡ まるでクラスのアイドル的そんざい!?

てんびん座

9/23
▶10/23
生まれ

×

B型

おすすめの仕事

ホテルスタッフ
コンシェルジュ
アパレル業

美しいもの大好き！おしゃれな女の子♡

性格

美意識が高くて、きれいなものやキラキラしたものが好きなあなた♡ コミュニケーション力があって、会話を盛り上げるのも上手だよ！ おしゃれや美容には、自分だけのこだわりがあるみたい♪ 基本的にマイペースなタイプで、がむしゃらになることは少なそう。

♥ラブ運

見た目から相手を好きになることが多いかも！ 性格はしんし的で、デートのセンスがいい男の子が好み。恋の理想は高めのはず☆

★フレンド運

センスを高め合える友だちといっしょにいると、あなたのミリョクがさらにキラキラとかがやくよ☆ ファッションの話題で盛り上がりそう♪

相性ベスト3

男の子

1位 しし座×B型
2位 ふたご座×B型
3位 しし座×O型

女の子

1位 しし座×AB型
2位 みずがめ座×AB型
3位 いて座×AB型

★てんびん座×B型ボーイ

どこか洗練された空気感の、王子様みたいなカレ！ おだやかなフンイキで、話し方やふるまいがていねいだから好感度はバツグンだよ♡ おしゃれも大好きなタイプ☆

Q. 好きな女の子のタイプは？

落ち着いた大人っぽい子がいいかな。あんまりうるさかったり、らんぼうな言葉づかいで話していたりする子がいると少し引いちゃうよ。

42

てんびん座

9/23▶10/23生まれ

×O型

冷静で安定感のある お姉さんポジション☆

性格

大人っぽくて社交的なあなたは、クラスの中でもたよれるお姉さん的そんざい☆　取りみだしたり、感情を表に出したりすることも少ないから、落ち着いた子だと思われているよ♪　いつでも堂々としている態度もかっこいい！　りんとした姿がみんなをとりこにしちゃう♡

♥ラブ運♥

恋に落ちても、どこか心には冷静さを残しているタイプ。だからうかれて失敗をすることもなさそうだよ！　男の子からはモテモテ♡

★フレンド運★

その大人っぽさと落ち着きで、「あなたがいるならだいじょうぶ！」と思ってくれる友だちが多いはず☆　まわりからの信らい度は絶大！

相性ベスト3

男の子

1位 みずがめ座×A型
2位 しし座×A型
3位 いて座×A型

女の子

1位 しし座×O型
2位 ふたご座×B型
3位 いて座×O型

おすすめの仕事

美容師
スタイリスト
デザイナー

Q 好きな女の子のタイプは？

おしゃべりが盛り上がる子がタイプだよ！　同じ映画を観て同じように感動したり、好きなものがいっしょだったりするとうれしいな☆

★てんびん座×O型ボーイ★

社交的で平和主義者のカレ♪　競うことがきらいでおだやかだから、いやし系のフンイキがあるよ♡　ガツガツとした男らしさはなくて、いっしょにいて落ち着くタイプ！

43

てんびん座

9/23▶10/23生まれ

×

AB型

おすすめの仕事

ファッション
コーディネーター
ネイリスト
エステティシャン

バランス感覚が◎の世渡り上手ガール♪

性格

りちぎな性格で、困っている人をほうっておけないやさしいあなた！　だれに対しても礼ぎ正しく公平に接するけど、じつは好ききらいははげしめ。でもそれを表に出さないバランス感覚があるよ♪　まわりとうまくつき合いながらも、自分の世界を持っているタイプ♡

♥ラブ運♥

ファッションセンスのある男の子が大好き♪　性格よりも、おしゃれ度やふるまい方をよく見ているはず。相手へのしんさはきびしめ！

★フレンド運★

みんなと仲良くすることができて、敵を作らないよ！　友だち関係は広くて浅めかも。1人でいる時間も楽しめる、器用なタイプだよ☆

相性ベスト3

男の子

1位 ふたご座×A型
2位 しし座×AB型
3位 いて座×B型

女の子

1位 みずがめ座×B型
2位 しし座×A型
3位 いて座×B型

★てんびん座×AB型ボーイ★

礼ぎ正しくてひかえめなカレ☆　いつもニコニコしていて、人の心をやわらげるフンイキを持っているよ！　先生や先パイからの信らいも絶大♪　ちょっぴりせんさいな一面も。

Q好きな女の子のタイプは？

女性らしいふるまいができる子はステキだよね。人に気を使えて、だれも見ていないところでもきちんとしている、そんな子が好きかな！

ポーカーフェイスで
しんぴ的な女の子♡

さそり座
10/24 ▶11/22 生まれ

×

A型

性格
エネルギーあふれるさそり座の部分を、A型の落ち着いた面がコントロールしているよ！　感情をあまり表に出さないから、まわりから見たあなたはとてもミステリアス☆　ガマン強く物事を続ける力があって、勝負は長期戦が得意みたい！　最後には結果を残すタイプ♡

♥ラブ運♥
好きになったら、カレの全部が知りたい派！　男の子はきんちょうしてあなたに声をかけられないみたいだから、自分から話しかけよう♡

★フレンド運★
一度友だちとケンカすると長引いちゃうかも!?　仲直りは早めに！　何でも本音で話せる親友とは、家族みたいにキズナが深いよ☆

相性ベスト3

男の子
- 1位 うお座×O型
- 2位 おとめ座×O型
- 3位 おうし座×AB型

女の子
- 1位 うお座×A型
- 2位 うお座×AB型
- 3位 さそり座×A型

おすすめの仕事
薬剤師
医師
臨床心理士

Q 好きな女の子のタイプは？
おおらかな女の子がタイプだよ！　ボクがちょっぴりガンコなところがあるから、それを受け入れてくれるやさしい子だとうれしいな☆

さそり座×A型ボーイ
情熱的で負けずぎらいなカレ！　自分の考えをしっかり持っていて、しんの強い男の子だよ☆　表面上はもの静かでおとなしいけど、心の中にはいつも燃えるほのおがあるの♡

さそり座

10/24 ▶11/22 生まれ

×B型

おだやかに見えて熱さを秘めた女の子!

性格

ミステリアスなさそり座の部分と、感情が豊かなB型の部分を持っていて、二面性があるあなた☆ フンイキがやわらかくて、基本的にはいつもおだやか♡ でも、目標を持つと一気にはげしい情熱を燃やして、行動的になるよ。意外性にまわりはびっくりしちゃうかも!?

♥ラブ運♥

恋に落ちるとどっぷり相手にのめりこむあなた♡ まわりが見えなくなってしまうことも! じつはかけおち願望があるタイプかも!?

★フレンド運★

人づき合いが上手で友だちは多いほう♪ いろんな子と分けへだてなく接することができるよ☆ クラスのみんなから好かれているはず!

おすすめの仕事

ミュージシャン
書道家
芸術家

相性ベスト3

男の子

1位	うお座×AB型
2位	うお座×O型
3位	おとめ座×B型

女の子

1位	うお座×AB型
2位	さそり座×AB型
3位	うお座×O型

★さそり座×B型ボーイ★

すごく努力家で、人がいやがることも引き受ける器の大きいカレ♪ 縁の下の力持ち的なそんざいで、根性があるよ。カレと話すときは、一対一だと心を開いてくれそう☆

Q 好きな女の子のタイプは?

ちょっぴりドジなところがある、かわいい女の子が好きだよ。うっかり屋さんの子にあまえられたら、全力で助けてあげたくなっちゃうな!

さそり座
10/24 ▶11/22 生まれ
×O型

明るくふるまうけれど じつは秘密主義な子♡

性格
自信たっぷりなO型の性質と、クールでもの静かなさそり座の性質をかねそなえているよ！ 誠実でやさしくて、みんなからの人気があるの♪ 基本的に明るくて、かくしごとはしないタイプに見えるけれど、じつはだれにも言わないと決めた秘密を持っているみたい!?

♥ラブ運
恋の上級者タイプのあなた♡ 見る目があって、自分から必死にアピールしなくても、相手にそれとなく好意を伝えることができるよ！

★フレンド運
グループでは会話の盛り上げ役☆ さりげなくみんなを引っぱってまとめる力もあるから、友だちからはたよりにされているはず♪

おすすめの仕事
探偵
うらない師
観光業

男の子	相性ベスト3	女の子
1位 うお座×A型		1位 うお座×B型
2位 さそり座×A型		2位 さそり座×B型
3位 うお座×B型		3位 おうし座×O型

Q 好きな女の子のタイプは？
大人っぽくて、落ち着いたフンイキの子が好き！ ぎゃーぎゃーさわいだりしなくて、そっと1人で本を読んでいたりする子は気になるな☆

さそり座×O型ボーイ

クールで自分の本心を話さないカレ！ 自分の気持ちを知られることを好まない、秘密めいたところがあるよ。でも、恋に関してはいちずで、好きになった子は一生守るつもり♪

さそり座

10/24 ▶ 11/22 生まれ

× **AB型**

ソフトで明るいけれど心の中は熱い女の子☆

性格
おおらかでオープンなタイプに見えて、ここぞというときにはゆずらないガンコさを秘めているあなた！だれとでも仲良く接するけど、心の中では「だれにも負けたくない！」という気持ちがあるよ。始めたことは、だきょうをせずやりぬくガッツを持っているはず☆

ラブ運♥
気になる男の子ができると、「これって恋なのかな？」と考えこんじゃうタイプ。じっくりカレを観察してから、次のステージへ進めるよ♡

フレンド運
愛想がよくて、顔の広いあなた☆　ちがうクラスにもいっぱい知り合いがいるはず！でも浅く広くのタイプで、親友は作らないかも。

おすすめの仕事
弁護士
税理士
検察官

相性ベスト3

男の子
1位 うお座×AB型
2位 うお座×B型
3位 さそり座×A型

女の子
1位 うお座×A型
2位 さそり座×B型
3位 おうし座×B型

★さそり座×AB型ボーイ

負けずぎらいな一面を持ち、努力家なカレ☆　人に見えないところで、一生けん命理想の自分に近づくためにがんばっているよ！　恋をするととっても情熱的で、ヤキモチ焼き！

Q 好きな女の子のタイプは？

ちょっぴりボーイッシュなフンイキの女の子が好みだよ♡　スポーツが好きで、明るくてアクティブな子って、キラキラしていていいよね！

好奇心おうせい！陽気な行動派ガール♡

いて座

11/23
▶12/21
生まれ

×

A型

性格

陽気で前向きな性格のあなた♡冒険心が強くて、思いついたらどんどん実行する力があるよ☆好奇心おうせいで、やりたいことがたくさん出てくるみたい！大たんなタイプだけど、しんはしっかりしているから、大きな失敗をすることもなく安定しているよ♪

♥ラブ運♥

好きになったら、ストレートに気持ちをぶつけることができるよ！友だち同士みたいに仲良しで、さっぱりしたさわやかカップルに♡

★フレンド運★

初対面でも気がねなく話せるから、友だちは多いほう☆正直に何でもズバッと言えるけど、相手をきずつけないように注意してね！

相性ベスト3

男の子	女の子
1位 ふたご座×O型	1位 ふたご座×A型
2位 みずがめ座×O型	2位 みずがめ座×A型
3位 おひつじ座×O型	3位 おひつじ座×AB型

おすすめの仕事

通訳者
翻訳者
貿易関係

Q 好きな女の子のタイプは？

ギャップのある子は気になっちゃう！元気いっぱいに見えてじつは女の子らしいとか、めずらしい特技があるとか♡意外性があると◎。

いて座×A型ボーイ

頭の回転が速く、行動もすばやいカレ☆うだうだしているのがきらいで、何事に対してもスパッと決断するよ！でもちょっぴりあき性で、恋でも移り気なところがありそう。

いて座

11/23 ▶12/21 生まれ

× B型

ギャップを秘めた マイペースガール♪

性格

のんびり屋さんで、難しいことは考えない楽天家☆ カベにぶつかってもくよくよよせず、「何とかなる」と考える、心の明るいあなた♪ ふだんはゆっくりペースだけど、一度やる気を出すとモーレツに動きだすよ！ やるときはやる人、と一目置かれているはず♡

♥ラブ運♥

ほれっぽくて、恋に落ちたらどんどんアピール♡ でも、カレがあなたにふり向いてくれた瞬間、何だか気持ちが冷めてきちゃうかも!?

✦フレンド運✦

気さくで話しかけやすいから、みんなから好かれるタイプ♪ マイペースだから、1人で気ままに行動することが好きな一面もあるみたい！

おすすめの仕事

広告プランナー
編集者
ブックデザイナー

相性ベスト3

男の子

1位 ふたご座×AB型
2位 みずがめ座×B型
3位 しし座×AB型

女の子

1位 みずがめ座×AB型
2位 ふたご座×AB型
3位 おひつじ座×B型

★ いて座×B型ボーイ ★

好奇心おうせいで、いろんなシュミを持っているカレ☆ 1つを極めるより、たくさんのことにチャレンジをしたいタイプ！ 恋にもちょっぴり移り気で、気は多めかも!?

Q 好きな女の子のタイプは？

話題が豊富で、いろんなことを知っている子と話すのは楽しいよね！ ドキッとする瞬間は、女の子が髪形やファッションを変えたときかな☆

なりふり構わない！真っすぐつき進む子♪

いて座
11/23 ▶12/21
生まれ

× O型

性格

いて座の一直線な性質と、O型の目的に向かって直進する性質をあわせ持つ、がむしゃらな行動派タイプだよ！　しばられるのは大きらいで、自分のやりたいことをやり通すのがあなたの信条☆　どんな障害があっても気にしないよ。ときには後ろをふり返ってみると◎。

♥ラブ運♥

恋に落ちると気持ちをおさえられない♡自分で恋をリードしたくて、「大好き！」と言いながらカレを全力で追いかけたいタイプみたい！

★フレンド運★

真っすぐでウソのない性格が友だちから好かれるよ♪　ときにはケンカをすることもあるけれど、引きずらないからすぐ仲直りできるはず！

相性ベスト3

男の子
1位 ふたご座×A型
2位 おひつじ座×B型
3位 おひつじ座×A型

女の子
1位 ふたご座×B型
2位 みずがめ座×O型
3位 おひつじ座×O型

おすすめの仕事
キャビンアテンダント
グランドスタッフ
コンシェルジュ

Q 好きな女の子のタイプは？

ちょっとそっけないような、クールな女の子に声をかけたくなっちゃう！ボクがこの子を楽しませて笑顔にしてあげたいって思うんだよね♡

いて座×O型ボーイ

目標に向かって全力投球するカレ♪あきっぽいところもあるけれど、努力家で手をぬかないよ。恋をすると、相手をふり向かせるまでまわりに見向きもせず、モーレツアタック！

いて座
11/23▶12/21 生まれ

×
AB型

合理的でかっこいい 知的なデキる女子♡

性格

いて座の行動的な面を、AB型の冷静さがおさえていて、知的なエレガントさを持つあなた！ むだな行動をするのをきらい、何事もスピーディーで、むだな動きがないところがかっこいいよ☆ 人にたよることも少なくて、何でも自分で判断できちゃう自立した子♪

♡ラブ運

直感で恋に落ちるタイプ。「いいかも♡」と思ったらもう気持ちは止まらないよ！ ライバルがいてもおかまいなしで全力アタック♪

フレンド運

話題が豊富でトーク力があるから、あなたのまわりには人がたくさん集まるよ！ でも、決まったメンバーにしばられず自由を好む一面も。

おすすめの仕事

ITコンサルタント
ファイナンシャルプランナー
新聞記者

相性ベスト3

	男の子	女の子
1位	みずがめ座×AB型	てんびん座×B型
2位	おひつじ座×B型	ふたご座×B型
3位	おひつじ座×AB型	いて座×A型

いて座×AB型ボーイ

バランス感覚があって、何事も器用にこなしちゃうカレ♪ がむしゃらな努力派ではないのに、何をやってもハイレベル。モテるけど、本命の女の子を決めるといちずだよ♡

Q 好きな女の子のタイプは？

ちょっと天然だったり、不思議なところがあったりする子はかわいいって思う♡ 謎めいた一面を見ると、気になって仕方なくなるよ！

じっくりコツコツ進む
マジメな実力派女子♪

やぎ座
12/22
▶1/19
生まれ

×

A型

性格　やぎ座もA型も、マジメでガマン強いタイプだよ！　だから、コツコツとねばり強くて、ちょっとやそっとじゃあきらめない気持ちの強さを持っているの☆　かなりのしっかり者で、確かな道を選んでいくしんちょう派。ガンコだけど実力があるから認められているよ！

♥ラブ運♥

恋にもしんちょうなあなた！　石橋をたたいて、じっくり時間をかけてカレとの関係を深めていくよ。いちずで長続きするタイプのはず♡

フレンド運

個性的な友だちに囲まれて、シゲキを受けることが多そう☆　いろんな子の意見を聞いて取り入れてみると、自分の成長にもつながるよ！

男の子　　相性ベスト3　　女の子

1位 やぎ座×O型　｜　1位 うお座×AB型
2位 おうし座×O型　｜　2位 やぎ座×A型
3位 おとめ座×O型　｜　3位 おうし座×A型

おすすめの仕事

インストラクター
トレーナー
マネージャー

Q **好きな女の子の　タイプは？**

ひかえめでやさしい女の子が好き♡　でも相手の気持ちがわからないと話しかけられないから、さりげなく笑顔や好意を見せてほしいな！

やぎ座×A型ボーイ

マジメで努力家のカレは、遊びよりもやらなくちゃいけないことをゆう先するしっかり者☆　恋に対しては消極的で、好きな女の子に対しては気持ちをおさえてしまうところが！

やぎ座

12/22 ▶ 1/19 生まれ

× B型

自分の世界を作る！いちずな努力家女子

性格

マジメなやぎ座の性質に、B型ののめりこみやすい性質が加わり、いちずに物事に打ちこむタイプ☆　打ちこむものや目標ができると、まわりの声が聞こえないくらいの夢中状態に！　こり性で、どっぷりと自分の世界に入るのが好き♪　心はとっても正直でやさしいよ♡

♥ラブ運

好きなカレのことを、遠くから見つめるだけで精いっぱい……というタイプ♡　相手選びも入念だから、失敗をすることはまずないはず！

★フレンド運

シャイで自分から声をかけるのはニガテだけど、やさしく温かい心を持っているあなた。親友とは、何でも共有できる深い仲を築けるよ♪

おすすめの仕事

看護師
保健師
薬剤師

相性ベスト3

男の子
1位　やぎ座×AB型
2位　おとめ座×B型
3位　やぎ座×O型

女の子
1位　やぎ座×AB型
2位　おうし座×AB型
3位　おとめ座×AB型

やぎ座×B型ボーイ

口数が少なくて、根っからのマジメ人間のカレ！　ウソがつけなくて、正直で誠実なタイプ♡　不器用だけど心がやさしいよ♪　オクテだから、根気よく話しかけることが大事！

Q 好きな女の子のタイプは？

やさしく笑顔で声をかけてくれる子は、目で追ってしまうかも。毎日あいさつをしてくれるだけでもドキドキして、うれしくなっちゃうな！

決まりをきちんと守る ストイックガール！

やぎ座
12/22 ▶ 1/19 生まれ

× O型

性格
自分にきびしくて、高い理想を持つあなた☆　だきょうをすることがきらいで、何事もつきつめないと気がすまないみたい！　まわりにもきびしいから、ルールを破る人や、だらしない人はニガテ。心のしんが強くて、ブレないところがまわりから信らいされているはず♪

ラブ運 ♥
軽い恋は絶対にしない！　相手を選ぶなら、結婚まで想像するくらいしんちょうだよ♡　カップルになったとたん、心をオープンにしそう♪

★フレンド運
大人数のグループより、少人数のグループの中でミリョクがハッキされるタイプだよ☆　本音で話せる友だちと、相談し合って成長できる！

相性ベスト3

男の子
1位 やぎ座×A型
2位 おうし座×A型
3位 おとめ座×A型

女の子
1位 やぎ座×O型
2位 おうし座×B型
3位 おとめ座×O型

おすすめの仕事
華道家
音楽家
プログラマー

Q 好きな女の子のタイプは？

誠実でマジメな、しっかりとした女の子にひかれちゃうよ！　おしゃべりな子よりも、口がかたくて心から信用できる子が理想的だなぁ☆

やぎ座×O型ボーイ

自分にも他人にもきびしいカレ。用心深くて、なかなか心を開いてくれない可能性も。心の中は野心たっぷりで、自分に自信があるはず☆　将来大きな成功をおさめるタイプ！

やぎ座

12/22 ▶ 1/19 生まれ

×

AB型

冷静な判断力を持つ 負けずぎらい女子☆

性格
しっかり者でぬけ目がなく、とてもマジメなあなた！他のやぎ座タイプに比べても一番の努力家で、その上負けずぎらいなところが☆目立つことはあまり好きじゃないけど、物事をじっくり正確に判断できるから、何事も計画的に成功させることができるタイプだよ♡

♥ラブ運
恋を実らせるまでにはちょっと時間がかかるタイプみたい。好きなカレに対して、意地をはったりそっけなくしたりしないよう気をつけて！

★フレンド運
友だちの心を察する力があるよ☆相談に乗ってあげたり、さりげなく気を使ってあげたりできるところがみんなから好かれているはず♡

おすすめの仕事
栄養士
調理師
パティシエ

 男の子 **相性ベスト3** **女の子**

1位 やぎ座×AB型	1位 やぎ座×B型
2位 おうし座×B型	2位 おとめ座×A型
3位 やぎ座×B型	3位 おとめ座×B型

★やぎ座×AB型ボーイ★

もの静かだけど、すごい実力を秘めているカレ！まわりをよく見ていて、さりげなく動けるかしこい人♪恋に関しても、相手をじっくり観察してからじゃないと始まらないよ！

Q 好きな女の子のタイプは？

さりげなくサポートをしてくれるような、マネージャーみたいな女の子が好き！気が利いて家庭的なフンイキの子がいるとひかれるよ♪

ユニークな考え方の あっさりガール☆

みずがめ座

1/20 ▶2/18
生まれ

× A型

性格

自分なりの理想を持って、自分の世界を確立しているタイプ☆ でもA型の性質があるから、基本的にはマジメでふつうを好む一面もあるよ。発想がユニークで、頭の中ではいつもたくさんのアイデアがうず巻いていそう！ あっさりとした性格で、切りかえも早いよ♪

♥ラブ運♥

恋に対する姿勢はとてもクールみたい☆ 両思いになっても、ベタベタするのはニガテ。カレだけに夢中になるということもなさそう。

★フレンド運★

友だちの好ききらいはちょっぴりはげしめ。ドライな関係を好むから、友だちともずっといっしょではなく、つかずはなれずの関係☆

相性ベスト3

男の子
- 1位 てんびん座×O型
- 2位 おひつじ座×O型
- 3位 ふたご座×O型

女の子
- 1位 てんびん座×A型
- 2位 てんびん座×AB型
- 3位 おひつじ座×A型

おすすめの仕事

漫画家
イラストレーター
作曲家

Q 好きな女の子のタイプは？

友だち感覚でつき合える、ノリのいい子だと楽しそうだよね！ あんまり重くてマジメすぎる子だと、ちょっとつかれちゃいそうだなって思う。

★みずがめ座×A型ボーイ

高い理想を持っていて、スケールの大きなカレ☆ 男女問わず友だちは多いタイプだよ！ そんなカレは、真けんさや情熱の深さより、楽しい恋がしたいと思っているみたい♪

みずがめ座

1/20 ▶2/18 生まれ

× B型

自由だけど頭のキレるミステリアスガール☆

性格

自由ほんぽうで、楽天家のあなた♪ 変わったシュミや、人とちがう視点を持っていて、まわりからは天然で不思議な子と思われているかも？ でも、じつはかしこくて、冷静にまわりを見ているよ！ そそっかしく見られるけど、本当はしっかりしていて知能派☆

♥ラブ運♥

気が合う男の子なら、来るものこばまずでまずつき合ってみるタイプ♡ そくばくがニガテで、いろんな男の子に興味があるのかも！

★フレンド運★

かなりの盛り上げ上手で、その場をパッと明るくするフンイキを持っているよ☆ ちょっと変わっているところがミリョクの人気者♪

おすすめの仕事

ジャーナリスト
ファッションデザイナー
記者

相性ベスト3

男の子

1位 てんびん座×AB型
2位 おひつじ座×AB型
3位 てんびん座×O型

女の子

1位 てんびん座×AB型
2位 おひつじ座×B型
3位 てんびん座×O型

★みずがめ座×B型ボーイ★

かしこくて明るく、さわやかなタイプ♪ 気ままでつかみどころがなく、いっしょにいて楽しい男の子！ 自由でちょっぴりいいかげんなところもあるけど、にくめないよ☆

Q 好きな女の子のタイプは？

しっかり者の女の子とおつき合いしたいな！ その場に合わせて行動できるような、りんき応変さがあるとかっこよくてとてもステキだよね☆

理想に向かって進む計画的な行動派女子！

みずがめ座 × O型

1/20 ▶2/18 生まれ

性格

みずがめ座の理想派なところと、O型の現実派なところが上手にマッチしているあなた♪　自分の理想に向かって計画的に実行できる、行動力と判断力があるみたい☆　わが道を行くタイプで、まわりのことは気にしない！　でも、親切で気が利くところも持っているよ♡

♥ラブ運

カレの前でも、照れずに堂々といられるあなた♡　つき合ってもそくばくせず、お別れしても未練を残さないさっぱりとしたタイプだよ！

✖フレンド運

相手の気持ちをよく考えて、さりげなくやさしくできるところが好かれるよ。おせっかいすぎないところも、とてもミリョク的だよ♪

相性ベスト3

男の子

1位 てんびん座×A型
2位 おひつじ座×A型
3位 てんびん座×B型

女の子

1位 てんびん座×O型
2位 おひつじ座×O型
3位 ふたご座×A型

おすすめの仕事

教師
幼稚園の先生
マネージャー

Q 好きな女の子のタイプは？

かれんで、ピュアなフンイキの女の子がタイプだよ♡　悪口やうわさ話をしている女の子を見かけたら、ちょっぴりがっかりしちゃうかも。

★みずがめ座×O型ボーイ

才能豊かで、人とちがうフンイキを持つカレ。独特な空気感を持つ天才タイプだよ！　人間関係を大切にしているけれど、ベタベタしたつき合いは好まないところが特ちょう♪

みずがめ座

1/20
▶2/18
生まれ

×

AB型

おすすめの仕事
プロデューサー
イベントプランナー
シナリオライター

おしゃれでユニークな 一歩先を行く女の子☆

性格

自由な発想を持つみずがめ座に、AB型のカンのよさがプラスされて、時代の先を読む力があるあなた。とてもユニークでセンスがいいから、人とかぶらないおしゃれが得意☆ 変わっている子と見られることもあるけど、実力があるから一目置かれているタイプのはず!

♥ ラブ運 ♥
信らいできる友だち関係から、恋に進むことが多いタイプ♡ いっしょに遊んでいるうちに、気がついたら特別な相手だと気づくかも☆

★ フレンド運 ★
まわりのみんなから、おもしろいと評判のあなた♪ いつもみんなの先を行くから、クラスの流行を作り出すムードメーカー的そんざいだよ!

相性ベスト3

男の子		女の子
1位 てんびん座×AB型		1位 てんびん座×B型
2位 おひつじ座×AB型		2位 おひつじ座×B型
3位 てんびん座×B型		3位 ふたご座×B型

★ みずがめ座 ×AB型 ボーイ ★

次から次へとおもしろいアイデアがうかぶ、芸術家タイプ! 強い個性を持っていて、いっしょにいるとたいくつしないはず。つかみどころのないカレを射止めるのは大変かも?

Q 好きな女の子のタイプは?

自信があって、個性あふれる女の子が好き! 恋だけじゃなくて、シュミとか特技とか、いろんな楽しみを持っている子がキラキラしてていいな♡

やさしくおだやかな おっとりガール♡

うお座
2/19 ▶ 3/20 生まれ
×
A型

性格
やさしさがいつでも満タンで、サービス精神がおうせいなあなた♪ 感受性が豊かだけど、おっとりしていておだやかだから、気持ちをまわりにぶつけることはないよ。空想の世界にひたるのが好きなおとめチックな一面も♡ ゆうじゅう不断になりがちなところは注意！

♥ラブ運
かわいらしく、男の子の目をひくミリョクがかがやくあなた。押しに弱いけど、好きじゃない相手にはハッキリと気持ちを伝えよう！

★フレンド運
やさしく友だち思いで、まわりの子の気持ちをいつも考えているタイプ。いやし系でかわいがられる、グループの妹ポジションかも♡

相性ベスト3

男の子
- 1位 さそり座×O型
- 2位 かに座×O型
- 3位 おうし座×A型

女の子
- 1位 さそり座×A型
- 2位 うお座×B型
- 3位 かに座×A型

おすすめの仕事
ミュージシャン
ダンサー
バレリーナ

Q 好きな女の子のタイプは？
けなげで一生けん命な女の子に心がひかれるな！ ぶりっこでもぜんぜんだいじょうぶ！ ボクのためにかわいくしてくれるのがうれしいからね♡

★ うお座×A型 ボーイ ★
やわらかいムードで、だれに対してもやさしく親切なカレ♪ 自分を後回しにして、友だちを助けてあげることもしばしば。お人よしだから、アタックされると断れないかも!?

うお座

2/19 ▶ 3/20 生まれ

× B型

おすすめの仕事

★ 社会福祉士
★ 弁護士
★ 学芸員

大きな夢をえがく♡ ロマンティストガール

性格

とてもロマンティストで、自分の夢のために行動する力があるあなた♡ 自分の豊かな感性を信じて、大きな理想を思いえがくよ！ 好きなこと以外はやりたくないという、気まぐれなところもありそう。視野を広く持ってじっくり考えるようにすると、成功率が上がるよ☆

ラブ運 ♥

男の子に守ってあげたいと思わせる、はかなげなミリョクを持つあなた♪ 恋のチャンスは多そうだけど、ちょっと移り気な可能性も!?

フレンド運

いつもニコニコしていて、思いやりがあり聞き上手なあなたのまわりには友だちがいっぱい☆ なやみを相談されることも多いかも！

相性ベスト3

男の子		女の子
1位 かに座×B型		1位 さそり座×AB型
2位 さそり座×O型		2位 さそり座×O型
3位 かに座×O型		3位 かに座×AB型

★ うお座 ×B型 ボーイ ★

どこか王子様っぽさがあって、おだやかなムードのカレ♡ しんし的でふるまいがスマートだから、まわりの女の子たちを意図せずキュンとさせちゃう、天性のモテるタイプ！

Q 好きな女の子のタイプは？

女性らしい女の子はステキだと思うな！ はなやかでゆうがなフンイキを持っていて、身だしなみのきちんとしている子は好印象だよね♪

うお座

2/19
▶3/20
生まれ

×

O型

ふわふわいやし系の不思議な女の子♡

性格 いっしょにいるだけで相手の心をほぐすような、不思議なムードを持っているあなた☆ 初対面の相手とも上手におしゃべりできる、世わたり上手だよ！ せんさいでキズつきやすいところもあるけれど、だからこそまわりにもやさしくできる、温かい心の持ち主なの♡

♥ラブ運♥

いつもときめいていたくて、つねに好きな人がいる恋愛体質なタイプかも♡ 少しだけユーワクに弱いところがあるから注意が必要！

★フレンド運★

ふわふわしたあなたを、友だちはほうっておけないみたい！ 自然とまわりには、助けてくれるたのもしい友だちが集まって来るよ☆

男の子 **相性ベスト3** 女の子

1位 さそり座×A型　　1位 さそり座×O型
2位 さそり座×B型　　2位 かに座×B型
3位 かに座×A型　　　3位 おうし座×O型

おすすめの仕事

ダンサー
カウンセラー
タレント

Q 好きな女の子のタイプは？

お姉さんっぽい子が好きなんだ。ハッキリ言ってくれたり、あまえさせてくれたりする、大人っぽい女の子ならいっしょにいて安心できるね！

★ うお座×O型ボーイ ★

けんきょで大人しく、思いやりにあふれたカレ♡ たくましさや男らしさはあまりないけど、ピュアで素直なところがミリョク！ 恋をしても自分からアタックはしないかも？

うお座

2/19
▶3/20
生まれ

×

AB型

人のためにがんばる
世話好きな女の子♪

性格 世話好きで、人のためにがんばるあなた♡　めんどう見がいいから、年下の子たちからもしたわれるよ☆　人の役に立つために、一生けん命がんばるけなげなところがミリョク♪　その反面自分の気持ちはあまり表に出さず、ポーカーフェイスな人と思われることも。

♥ラブ運
受け身なタイプで、相手からのアタックで恋が始まりそうだね♡　相手のことを考えすぎるところがあるけど、気持ちは伝えよう♪

♦フレンド運
決まった仲良しの友だちと過ごすのが好きなタイプ！　友だちの友だちなどから輪を広げていくと、もっと楽しい関係が増えるかも☆

おすすめの仕事
作家
画家
ライター

相性ベスト3

男の子
1位 さそり座×O型
2位 さそり座×B型
3位 かに座×AB型

女の子
1位 かに座×B型
2位 さそり座×AB型
3位 かに座×O型

★うお座
×AB型ボーイ

人にたよられるのが好きなタイプ☆　世話焼きで、まわりをよく見ているよ！　もの静かだけど、じつは気が変わりやすいところも。恋への理想が高いロマンティストだよ！

Q 好きな女の子のタイプは？

あまえ上手な女の子はかわいい♡　ちょっと小悪魔っぽくてわがままでもいいから、ストレートにあまえられるとキュンとしちゃうな。

みんなが生まれ持った個性♪

NAME 頭文字 うらない

うらない／水木あかり

1人ひとりにあたえられている、大切な名前。その頭文字で、あなた自身の性格やラブタイプ、カレの性格、相性などが診断できるの！ うらない方がかんたんだからすぐに読み始められる、それがNAME頭文字うらないだよ♪ 早速チェックしてみよう☆

基本性格 & ラブタイプ チェック

うらない方

名前の最初の文字でうらなうよ。名字ではないから注意！　最初の文字が、だく音や半だく音の場合は、「゛」「゜」を取った文字を読んでね。
カレのうらないは、P83〜をチェック♡

例：鈴木南（すずき　みなみ）→「み」、田中樹里（たなか　じゅり）→「し」

基本性格
ニコニコリーダータイプ

いつも明るいあなたは、笑顔でみんなとおしゃべりするところがミリョク。積極的にみんなを引っぱるリーダータイプでもあるから、たよりにされているはず♪　アクティブすぎて、たまにブレーキが効かなくなるときも!?

モテるけれど、あなたが恋をリードしたいタイプだから、まわりからの好意は気にしないよ。好きになった人には自分からアプローチをして、ラブラブな恋をゲット♡　カップルになっても、あなたがカレを引っぱり続けるみたい。

ラブタイプ
あなたからアプローチ

基本性格
情報キャッチ力バツグン

とても情報ツウだよ。最新のファッションのトレンドから気になるカレのウワサまで、情報を集める力も情報のはば広さもピカイチ！　とくに自分の好きなことや興味がある分野は、だれにも負けないくらいくわしいよ。

恋をすると、その他のことがまったく手につかなくなるほど、カレにいちなタイプ。でも、アセるのはNG。熱血アプローチの前に、まずは深呼吸をしてみよう。恋をスムーズに進めるためには、グループデートから始めると。

ラブタイプ
カレにゾッコンタイプ♡

66

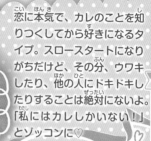

基本性格

マジメにコツコツ努力型

ひたむきに努力できる、強い心の持ち主。自分が信じる道を進むために、迷いがなくなるまで考えるタイプだよ。一度心が決まれば、その道に全力で集中するの。マジメで、とちゅうで投げ出すことだけは絶対にしない！

恋に本気で、カレのことを知りつくしてから好きになるタイプ。スロースタートになりがちだけど、その分、ウワキしたり、他の人にドキドキしたりすることは絶対にないよ。「私にはカレしかいない！」とゾッコンに♡

ラブタイプ
スロースターターな恋愛

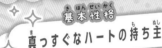

基本性格

真っすぐなハートの持ち主

真っすぐな性格で、曲がったことやウソをつく人はキライ。ルールは絶対に守り、あいまいな物事はハッキリさせるタイプ。疑問点や気になることがあればそのままにしないで、まわりの人に聞いてしっかりと解決するよ！

会ってすぐに、「この人しかいない！」とビビッとくるものを感じて、運命の恋に落ちるタイプ！　その相手が現れたら、あなたからアプローチを開始するよ。持ち前のテクニックを生かして、すぐにラブラブな関係になるはず♡

ラブタイプ
ビビッと運命を感じる♡

基本性格

やさしいお姉さんタイプ

仲間思いで、熱いハートの持ち主。キズついている友だちがいたら、さりげなく声をかけてあげるよ。ケンカをするんじゃなくて、持ち前のやさしさでみんなを守るの。たのまれごとも全力でがんばるタイプみたい！

ちょっぴりはずかしがり屋なロマンティストみたい。カレから、積極的なアタックやドキドキするような告白をしてくれるのを待ち望んでいるよ。ライバルが現れても意外と動じないから、確実にキョリを縮めていけるはず♡

ラブタイプ
カレからのアタック待ち

基本性格
クールで大人な対応上手

何が起きてもクールに対応できるタイプ。ケンカやもめ事が起きても、自分の意見だけでなく、まわりの意見も聞いて公平な判断ができるよ。言葉選びが上手だから、少し言いづらいこともうまく伝えられるはずだよ！

明るくて、話しやすいのがミリョクだよ。でも、はずかしさから友だちのようなノリで話してしまいがち。まずは仲のいい男女だちにお願いをして、グループデートから始めてみよう。そのあとに気持ちを伝えるのがベスト♪

ラブタイプ
フレンドリーさを生かす

基本性格
自信を持ってつき進む！

バツグンの集中力を持っているよ。その上、勉強熱心でもあるから、楽しくなると時間が経つのも忘れてしまうくらい。何か１つに集中すれば、ナンバーワンになれそう。自分ならできると、自信が持てるのもいいところ♪

マジメでやさしい、モテるタイプ。でも、はずかしがってしまって、自分から積極的にアタックするのはニガテ。だから、カップルになるまでは時間がかかるかも。一方で、相手にアプローチをさせる頭がいい一面も!?

ラブタイプ
カレにアプローチさせる!?

基本性格
目標達成力が高い努力家

キラキラとしたスターになるために、コツコツと努力ができるよ。すぐには目標が達成できなくても１歩ずつ確実に進んでいけるから、将来夢をかなえる確率はかなり高いはず！ ここぞというときの集中力もピカイチだよ☆

友だちから始まるラブが多いよ。カレとは親友レベルで仲良くなれるから、どういうアタックが効果的かバッチリわかっちゃうみたい！ カレの様子を見ながらアタックのベストなタイミングをはかる、かけ引き上手なタイプ♡

ラブタイプ
恋のプロフェッショナル

基本性格
トークの才能がキラリ☆

好奇心がおうせいで、物事のウラ側やかくされたヒミツを知りたくなるタイプ。トーク力が高いから、注目度が高い場で話を任されることも☆「トーク力を生かしてみんなをまとめてほしい」と言ってくる人も多いはず!

好きになったら、自分から告白したいタイプ。モテモテなカレを好きになるから、ライバルはたくさん! 絶対にカレをゲットしようと燃え上がり、情熱的なアプローチをするよ。他の子とは一味ちがったアタックをすることも!?

ラブタイプ
自分から好きと伝えたい!

基本性格
じくがブレないタイプ

やわらかいフンイキだけど、意見を曲げたり、人に合わせて考えを変えたりはしないよ。でも、相手を思いやる気持ちは人一倍強いから、言葉づかいや口調はおだやかみたい。たまに、話を聞きながら上の空になるときも!?

恋のレーダーがバッチリ働いて、「この人は私のことが好き」とわかるみたい! それでも自分からカレにアプローチはせず、かわいくアピールして、告白させるテクニックの持ち主。自分のペースに持ちこみ、恋を進めるよ♡

ラブタイプ
ラブレーダーがビンカン

おもしろい盛り上げ役

ユニークで、ハイセンスだよ。感覚でその場に合わせた発言や行動ができるタイプ。器用にふるまってまわりを盛り上げるよ☆ じつはナイーブな一面も。自分をうまく表現できなかったとしても、気にしすぎないことが大切！

ムードを大切にする、ロマンティスト。じっとカレを見つめながら自分の気持ちを伝えて、ラブラブなフンイキを作り出すよ。カップルになってから時間が経っても、ムードはキープ。2人の時間は、だれにもジャマさせないよ♡

ラブタイプ
ムードを大切にしたい♡

人よりも好奇心おうせい

いつでも新しいことにチャレンジしたいタイプ。そのために、最新の情報にはすばやく反応するの。一生けん命勉強して身につけた知識やテクニックを、人に教えることも好きみたい。気持ちが顔に出やすいピュアさももつよ☆

好きになったら、一気に燃え上がるよ。ライバルのそんざいなんてまったく気にせずカレに積極的にアタックして、恋をゲット♡ その反面、カレが自分のものになったとたんにクールなそぶりを見せるような、小悪魔な一面も!?♡

ラブタイプ
カレをまどわせる小悪魔♡

基本性格
行動や発言がスマート！

まわりの人とうまく関係を築くバランス感覚があるよ。スマートにふるまいたい気持ちが強くて、何をするにもタイミングをしっかり考えるはず。考えすぎてベストなタイミングをのがしてしまわないように、注意して！

大人な、落ち着いた恋がしたいタイプ♡ 少女マンガのような告白よりも、さりげないアプローチを待っているみたい。おたがいを大切にしながら、ステキな時間を過ごせそう！ 少しずつキョリを縮めていくほうがおすすめ。

ラブタイプ
オトナなアプローチ待ち♡

基本性格
人とちがう観点の持ち主

素直な性格だから、みんなに自分の意見をハッキリと伝えていくよ。あなたの発言やあなたならではの意見に、思わずハッとさせられる人も多いはず。ときどきキツイ言い方をしてしまうみたいだから、やさしい口調を意識して☆

イケメンに目がなく、クラスで人気ナンバーワンのカレに恋をしそう。ライバルが多くても気にしない！ あなたの作戦と気持ちの熱さでメロメロにするよ♡ カレをゲットできても、他のイケメンに目移りはしないようにね！

ラブタイプ
イケメンに目がない♡

基本性格
慣れたものはスイスイ♪

いつでも落ち着いているから、安定感があるよ。積極的に物事に取り組んで、サクサクこなせるの。でも、新しいことにチャレンジするときだけは、ドキドキして固くなってしまうみたい。何事も経験だと信じてトライしよう！

カレが行動してくれるのを待つタイプだよ。好きなカレからデートにさそってもらえても、顔に出して喜べないけど、心の中では全力ガッツポーズをしているはず！ あなたが態度に出さない分、友だちがアシストしてくれるかも☆

ラブタイプ
ポーカーフェイスなテレ屋

全力ポジティブガール

いつでも明るく、いい方向に物事を考えられるタイプ。できるかどうか不安を感じたり迷ったりすることはなく、「絶対にやるんだ！」という強い気持ちを持って行動できるよ。決意が固まったら、行動はスピーディー！

好きになったらアタックは自分から。カレ以外には目もくれず、積極的に話しかけたり、マメに連らくをしたりと、わかりやすくアプローチするよ。がんばりすぎて、気持ちはみんなにバレバレ。カレのペースも気にしてあげると◎。♡

ラブタイプ
みんなに恋心がバレバレ

オリジナリティがステキ

まわりを気にしすぎないから、自分らしさを大切にできるよ。何にもしばられない自由な発想や、独特の感性を十分に生かして、大きなチャンスをつかんでいくはず。前向きな考え方と、フットワークの軽さもミリョクだよ♪

年に関係なく友だちが多いから、恋のチャンスも多数。年上のカレや年下のカレ、だれとでも恋が始まる可能性が。いつもニコニコしているあなたに、ミリョクを感じている人はたくさんいるよ♡　ひと目ボレをされることも！

ラブタイプ
恋の相手はたくさん!?

情熱をパワーに進み続ける

落ち着いていると言われるかもしれないけれど、心に秘めた情熱はだれにも負けないくらい強いよ！　その情熱をエネルギーにして、夢や目標に着実に近づいていけるはず☆つき進むパワーは、まわりもおどろくほど強い！

カレが大好きで、つくしたいタイプ。カレの好みに合わせようと、ファッションやヘアスタイル、言葉づかいを変えることも。がんばってくれるあなたに、カレもメロメロ♡恋バナも好きだから、友だちにたくさんのろけるみたい。

ラブタイプ
カレを思う気持ちを力に

基本性格
気持ちが強い冒険家！

強気でがんばる、タフな精神力の持ち主。それを生かし、まだだれも達成していないことにチャレンジして、成功をつかみ取るよ。失敗もするけれど、どの経験も生きるはず。あなたのアイデアは、だれにも真似できない！

て

クールと見せかけて、じつはオトメなタイプ♡ 好きな人ができたら、すぐに気持ちを伝えたくなってしまうの。伝えた結果、カレが同じ気持ちでなかったとしても引きずらないよ。すぐに切りかえて次の恋を見つけるみたい。

ラブタイプ
クールに見せかけたオトメ

基本性格
いつでも流行の最先たん

チャレンジ精神おうせいなタイプ。めずらしいことや流行にはすぐ反応できるように、目を光らせているよ。ここぞというときの集中力と自分を追いこむ力は、だれにも負けない！ がんばりすぎないように気をつけてね。

と

恋をしたら、どうにかカレと話したいと、シュミや好きなものをリサーチするよ！ いろいろな人をたよって、カレの友だちにも話を聞くみたい。そのため、共通の友だちも増えそう♪ 脈アリかどうかの判断は、けっこう早め。

ラブタイプ
全力で好きなものリサーチ

心が広く親しみやすい

とてもおおらかなタイプ。人のミスは責めないし、自分の過去の失敗も切りかえられる、心のよゆうがミリョクだよ♪気さくで話しやすくもあるから、友だちや家族などとトラブルを起こすことは、ほとんどないみたい！

友情から少しずつラブに変わるよ。「自分からアタックしなきゃ！」と思っても、モテモテでアプローチをたくさん受けるから、その必要はなし。アプローチしてくる人の中に好きなカレがいて、カップルになる確率が高いかも♡

ラブタイプ

モテモテで困っちゃう♡

基本性格

観察力の高いご意見番

誠実な態度で、みんなから信らいを集めるよ。のんびりしているようだけど、じつはいろいろなことを冷静によく観察しているタイプ。いざというときは必ず意見を聞かれるはず。言いたいことがあれば、迷わずに伝えて！

人を見る目があるから、好きになった人は性格のいい人気者である可能性が。でも、どんなにライバルが多くてもあきらめないよ！ライバルとかけ引きをするよりも、カレと2人きりになる時間を増やしてアプローチを。

ラブタイプ

恋する相手はモテる人!?

基本性格
友だちが多くフレンドリー

フットワークが軽く、器用にまわりに合わせられるから、交流のはばが広いよ。フレンドリーに話せるあなたに、みんなが好印象をいだいているはず✦ ただ、いきなり思い切った行動に出てまわりをおどろかせることも!?

親しみやすいフンイキだから友だちも多く、デートにさそわれることもたくさん！ そこで熱く、ロマンティックなアプローチをされると、すぐに好きになってしまうタイプ。恋のチャンスは、身近なところにあるみたいだよ♡

ラブタイプ
ほれっぽいロマンティスト

基本性格
高い表現力の持ち主！

自分の本心や考えを、ハッキリ伝える表現力があるよ。みんなとは少しちがったものの見方をして発言できるから、「その発想はなかった！」と感心されたり感謝されたりしそう。その表現力を、みんな尊敬しているよ。

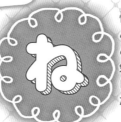

恋はスピードが命だからと、すぐに勝負を決めようとする情熱家タイプ。カレが好きだと思ったら、自分のペースでどんどんアプローチをして、気持ちをゲットするよ♡ カレが迷っているそぶりを見せたら、押し切っちゃう！

ラブタイプ
スピード勝負の情熱家

基本性格
いつも笑顔のマナー美人

とても努力家。その一方で、意外とのんびり屋なところも。つらいことがあったとしても笑顔をモットーに乗りこえられるよ！ あいさつやお礼を忘れない姿勢が、まわりの人から信らいを集めるポイントになっているはず。

気になるカレができたら、あせらずゆっくりキョリを縮めるタイプ！ 目標に向かっていっしょにがんばったり、係の仕事に協力して取り組んだりして、いいフンイキに持ちこむみたい。ウワキは絶対にしない、いちずなタイプ♡

ラブタイプ
あせらずじっくり派♡

明るく前向きな自信家

目標に向かって熱心に、そして一直線にがんばれるよ。そんな自分が好き、という少しナルシストな一面もあるけれど、自信を持ってそう言えるところがあなたのミリョク♪おもしろい遊びを生み出すユニークな一面も。

カレと仲良くなりたいのに、なかなか勇気が出せないオクテなタイプ。でも、カレを思う気持ちはだれにも負けないよ。友だちに相談すると、恋が実りやすいはず。つき合ってからは、お似合いのカップルを目指して努力するよ♡

ラブタイプ
友だちがキューピッド

基本性格
夢に向かって全力でトライ

ビッグな夢や目標がある野心家タイプ。あせらずコツコツと努力し続けられるから、着実に理想に近づいていけるはず。まわりの人からしげきを受けると、もっとがんばれるよ！ 同じ夢を持った、いいライバルを見つけて♪

フレンドリーなあなただから、自然とキョリを縮めるのが上手だよ。仲良くなってからアプローチをして、カレに気持ちを伝えるみたい。ライバルがいると、情熱度がアップ！でも、つねに１歩リードしているのはあなた♡

ラブタイプ
ナチュラルに恋を進める♡

基本性格
メリハリのあるリーダー！

しっかり者のリーダータイプだよ。いつもはみんなをまとめているけれど、ふざけるときは思い切りふざけて楽しむよ☆ けじめをつけるから、友だちからの好感度はバツグン。笑いのツボは、少しだけみんなとズレているかも!?

そもそも恋にドンカンなタイプ。友だちの助けがあって、ようやく自分の気持ちに気がつくみたい。カレが必死にアタックしてくれてもまったく気がつかず、やきもきさせてしまうことも!?　まわりをよく見てみて！

ラブタイプ
恋してると気づいてない!?

基本性格

おしゃれセンスバツグン

オリジナルのセンスが光る、ファッションリーダー☆　今までにないコーデで、まわりの人をおどろかせるよ。自信であふれているから、何をしてもカッコよくキマッて見えるみたい！　みんなあなたにあこがれているはずだよ♪

プロ級の恋愛上手。さりげなくアピールをして、デートにさそわせ、告白させるまでの計算が完ぺき♡　カレを楽しませることも好きだから、自分からも楽しいデートを計画するよ。あなたといるとカレはとてもハッピーに！

ラブタイプ

あなたこそがラブ上級者

基本性格

いつでもユニークな人気者

他の人にはないおもしろいアイデアで、みんなから好かれるタイプ☆　もしつらいことや大きなカベが目の前に現れても、持ち前のユニークさをハッキして楽しみながら乗りこえるよ。タフな精神力もあなたのミリョク！

カレの好みに近づきたくて、さりげなくリサーチするよ。つくして喜んでもらいたいタイプだから、何でもカレに合わせて行動したくなっちゃうみたい♡　そうかと思えば、とつぜん他の人にときめいてしまう瞬間が訪れることも!?

ラブタイプ

カレを喜ばせたい！

ヒーローのようなやさしさ

「困っている人は助けるのが当たり前」と思える、やさしさの持ち主。あなたの笑顔と行動に救われた人は多いはず。助けた分、あなたもまわりの人に助けられるよ！ みんなに好かれるから、パーティーにもよく呼ばれそう。

ほめ上手で、うまくカレをその気にさせる小悪魔タイプ。友だちには見せないかわいい一面や、あまえ上手な一面をチラ見せして、カレをドキドキさせるよ♡ いつでもそばに居たいから、遠キョリ恋愛はニガテみたい。

ラブタイプ
テクニシャンな小悪魔♡

自分に正直なのがミリョク

まわりに合わせるじゅうなんさと、自分を曲げない真っすぐさを持つよ。そのバランスを保てば、うまく関係を築いていけるはず☆ 負けすぎらいなところもあるから、つねにナンバーワンを目指して努力しているよ！

とにかくモテるから、アプローチはいつも受ける側！ でも、好みのタイプでないとさそわれてもデートには行かないという、サバサバとした一面も。好きになったカレにはゾッコンになる、いちずなオトメゴコロの持ち主だよ♡

ラブタイプ
いちずに恋するオトメ♡

基本性格
ピュアながんばり屋

自分で道を切りひらいていく力があるよ！　自分に力がつく過程を楽しめるから、チャレンジ精神もおうせい。相手の話をしっかり聞いたり、お願いを受け入れたりする誠実な姿勢は、まわりからの信用度を高めているよ♪

カレに女の子として意識してもらいたいのに、あまえたりかわいく見せたりするのはニガテ。なぜか良きライバルとして、おたがいをみがき合うポジションになることも。まわりに助けてもらいながらアピールするのが◎。

ラブタイプ
友だちのサポートで実る

基本性格
ハイセンスなおしゃれさん

持ちものやファッションのセンスがいいから、学校や習い事の場で注目の的になるよ。トーク力も高いから、あなたのまわりは笑顔でいっぱい！　おしゃれで、フレンドリーなあなたに、ひそかにあこがれている人は多いはず♪

アクティブに恋をつかみに行くタイプ。カレに少しでも近づけるように、連らくはこまめにとるよ。その上、かなりのアタック上手だから、カレがドキッとするツボをおさえるのもお手のもの。必ず恋をゲットするはず♡

ラブタイプ
恋のバランス感覚◎

基本性格
信念が強いマイペース

いい意味でマイペースだよ。まわりの意見で迷うことはなく、自分が信じる道を進むのがあなたのミリョク♪　悪いさそいやゆうわくには絶対に負けないよ。人との接し方がとてもおだやかだから、トラブルも少ないはず☆

勉強や友人関係と両立させながら、恋を楽しめるよ。あなたいちずだから、恋をする相手にも同じようにいちずさを求めるみたい。キョリを縮めながら見極めて、カレは誠実だと判断したら、自分のペースで恋を進めるよ♡

ラブタイプ
恋も友情もどちらも大切

おしゃれな目立ちたがり屋

人前に立って目立つことが好きなタイプ！ ステージ発表やスピーチなどできんちょうはせず、むしろ気合いが入るよ。ファッションのセンスがよく、いつでも流行を取り入れてオシャレにキメているから、注目度は高いよ☆

いつもみんなにやさしいけど、カレの前ではさらにやさしさがアップ。そのやさしさで、気持ちを少しずつ引き寄せるよ♡ 気づかい上手で、たよれるお姉さん気質なところもあるあなた。そんな姿が、カレには色っぽく見えるみたい。

ラブタイプ
やさしさでカレを包む♡

基本性格

まわりへの気づかい上手

責任感が強く、みんなからたよりにされるタイプ。任されたことは、最後まで全力でやりとげる力があるの！ グループのフンイキや仲間を大切にするから、少しでもみんなが暗くなると、明るくしようとがんばるよ♪

何気ない仕草で、カレをメロメロにさせるよ♡ あなたの女の子らしいところを見ると、カレのドキドキは止まらなくなるみたい。カレをその気にさせるポイントもおさえているよ！ 2人きりになったら、ラブラブオーラ全開に。

ラブタイプ
女の子らしさをアピール

基本性格

みんなをうまくまとめる役

フットワークが軽く、たのまれると迷わず助けるよ！ みんなの意見をうまく合わせられないかをしっかり考えるタイプだから、話し合いの場では、まとめ役を任されるみたい。いろんな人からたよりにされているよ♡

好きな人のためなら、何でもがんばるタイプ。カレが求めているサポートを、いち早く感じ取るよ！ 学校にいるときとはちがう、プライベートな一面をカレだけに見せてみて。ドキドキして、あなたにゾッコンになってくれそう♡

ラブタイプ
ラブパワーでつくす♡

基本性格
明るいパワフルガール

パワフルに行動できるよ。信らいしてくれる友だちが多いから、いろいろな場にさそいの声がかかりそう。ノリがいいあなたは、すぐに参加するよ。明るさはミリョクだけど、場を盛り上げようとはり切りすぎなくてOKだよ！

自分からアタックして、恋をゲットするタイプ。カレには、いつでも笑顔と元気いっぱいに話しかけるよ！　友だちのように盛り上がることもできるみたい。そんなあなたをステキだと思って、カレがドキドキしているのは確実♡

ラブタイプ
友だちのようなカップルに

基本性格
言葉をうまくあやつる！

頭の回転が速く、スマート。話し合いで意見を言ったり、ナイスなツッコミでみんなを笑わせたりと、言葉をうまく使ってコミュニケーションを取るよ。まわりを気にしすぎないで、マイペースをつらぬくタイプでもあるよ☆

ひと目ぼれが多く、友情よりも恋をとるタイプ。もし友だちと同じ人を好きになったとしても、自分からは引かないから、ドラマのような展開を経験するかも!?　カレに自分を選んでもらうために、自分みがきはいつも全力！

ラブタイプ
ひと目で運命の恋に落ちる

基本性格
話し出すと止まらない！

明るくて、おしゃべり好き。とくに、自分の好きな分野の話になると、情熱的になるみたい。時間も忘れて語るくらい、強い気持ちを伝えるよ！いつも話すときはおだやかだから、そのギャップにびっくりする人は多いかも!?

好きなカレといると、ハッピーな気持ちが高まって笑顔が増えるよ♡　声のトーンもわかりやすくアップ！　だから、あなたがだれに好意を持っているか、みんなにはすぐにバレてしまうみたい。オープンな恋愛になりそう♪

ラブタイプ
ハッピーオーラ全開に♡

基本性格
マジメなアクティブガール

何があっても、ルールや約束は絶対に守るよ。自分の意見はハッキリと伝えるから、まわりからはマジメだと思われているみたい。やると決めたらすぐに行動できるアクティブさは、みんなから尊敬されているはずだよ！

カレにあまえたいのに、いざとなるとクールなふりをしてしまうツンデレタイプ。いいキョリ感を保ちつつ、たまに見せるキュートな一面が、カレのハートをメロメロにさせるよ♡ クールとキュートを、うまく使い分けて！

ラブタイプ
男心をくすぐるツンデレ

基本性格
何があってもめげない！

どんなに大きなカベでも立ち向かう、タフな心の持ち主。だれにも言っていない大きな夢があるよ！ それに向かってがんばっているはず。無口そうに見えて、好きな分野の話になると、おしゃべりが止まらなくなるみたい♪

フンイキを大切にしたいロマンティストタイプ♪ 好きになっても自分からアプローチはしないで、告白はカレにさせるテクニックの持ち主みたい！ 理想の告白シーンも想像ずみで、そのためのいいムード作りは、お手のもの♡

ラブタイプ
理想の恋を手に入れる♡

基本性格
世話好きお姉さんタイプ

とてもピュアな性格で、ウソや曲がったことは大キライ！ 世話を焼くのが好きなタイプで、いつもまわりに気を配っているよ。あなたをたよりにしている人は多いはず。軽いジョークを信じてしまうような、天然な一面も☆

カレがあなたに笑顔を向けてくれたり、やさしく声をかけてくれたりして、恋が始まるみたい♡ 一度好きになったら、ずっとカレに一直線。ウワキなんてまったく心配いらないくらい、いちずに思い続けるタイプだよ！

ラブタイプ
いちずにカレを追いかける

カレとの恋の始め方

うらない方　カレの名前の最初の文字の母音でうらなうよ。母音の段によって、それぞれの結果を読んでね。最初の文字がだく音や半だく音の場合は、「゛」「゜」を取った文字でチェック！

例：中山大輝（なかやま　だいき）→「た」だから、あ段の結果
　　佐藤翔太（さとう　しょうた）→「し」だから、い段の結果

あかさたな はまやらわ

あ段のカレ

カレの基本データ

▶ とにかくモテる　▶ 負けずぎらい
▶ 考えていることがわかりやすい

好きなタイプ　「好きなタイプは？」と聞いてみると、びっくりするくらいたくさんの理想を挙げるかも!?　それをひと言でまとめるとするなら、「見た目がカワイイ子」ということになりそう。だから、自分みがきは一生けん命しよう♪　カレはファッションやヘアスタイルに興味シンシンだから、あなたも気をつけてみると◎。リアクションがいい子も好きだから、カレと話すときは、しっかりと目を見て相づちを打ってみて！

お近づきチャンス　カレはモテるから、待っているだけはNG。ライバルにカレを取られてしまうかも!?　それを防ぐには、積極的に声をかけたり、かと思えば他の男の子と仲良くしてみたりと、カレをまどわせてみて♡　追いかけなくても、カレの気持ちがあなたに向いてくるはず！

カレをトリコにするポイント　ほめまくる！

ほめられると自信がつくカレには、「さすが！」「すごい！」など、声をかけるのが一番効果的！　あなたのおかげでパワーがどんどんアップするのを実感して、メロメロになるはず。学校行事などはカレのそばをキープして、たくさんほめよう♡

いきしちに
ひみり

い段のカレ

▶ ウソをつかない
▶ シュミが多い
▶ 見た目を気にする

好きなタイプ
素直で、明るい子がタイプ。曲がったことがキライだから、ウソはつかず、ルールや約束はしっかり守る子が恋の相手に選ばれるよ。人を見る目があるから、その場だけごまかそうとしてもバレてしまうみたい。整った身だしなみもカレのトキメキポイントになるから、カレに会う前は、スカートのすそがめくれていないか、くつがよごれていないかなどをチェックして！　そういう小さなところに気がつく子に、ミリョクを感じるみたい♪

お近づきチャンス
共通の話題が大きなチャンスを呼びそう。カレのシュミや、好きなもの、くわしい分野をリサーチして、そのことで話しかけてみよう！　楽しそうに答えてくれるから、自然とおしゃべりがはずむはずだよ♡　思い切って、大切なシュミの本などを貸してほしいとたのむのも◎。

カレをトリコにするポイント
サラツヤヘア

キレイな髪を見るとドキッとしてしまうカレ。だから、毎日のヘアケアに力を入れてみて。カレの前で髪をさわって、ケアした成果をアピールしよう♡　目がはなせなくなって、あなたのトリコに。髪をさわろうとして、頭をなでてくれるかも!?

う段のカレ

<small>うくすつぬふむゆる</small>

カレの基本データ

► きっちりした性格
► 恋にオクテ
► 少し人見知り

Part 3

NAME 頭文字うらない

好きなタイプ

カレは、マジメな子がタイプ。カレ自身もマジメだから、同じタイプの子を求めているよ。見た目よりも、性格のかわいさのほうが、カレの中では大きなポイントになるみたい。たくさん話しかけて、内面を知ってもらえるようにアピールしよう♪　心が温かくなるような恋がしたいから、いちずに思ってくれる子を好きになるよ！　あまりにも他の男の子と仲がいいとシットしてしまうから、恋の相手には選びたくないのかも。

お近づきチャンス

カレはシャイだから、あなたが積極的すぎると、どうすればいいかわからなくなってしまうよ。あまり話したことがないなら、まずはあいさつから始めてみて！　そこから、話しかける回数をだんだんと増やしていこう♪　カレとの恋は、あせらずじっくりと進めるよう意識すると◎。

カレをトリコにするポイント
真っすぐなひとみ

真っすぐにじっと見つめられると、目をそらせなくなってドキドキが止まらなくなるカレ。しばらくしてあなたから目をはなすと、「何だったんだろう？」と、あなたを意識せずにはいられなくなるよ。頭の中があなたでいっぱいに♡

え段のカレ
えけせてね
へめれ

カレの墓本データ

▶ ノリがいい
▶ あいまいな状態がキライ
▶ 楽しいこと大好き

好きなタイプ

おしゃれで、センスがいい子がタイプ。ファッションのセンスを見せつけるのはもちろん、最近流行りのお店や、これから流行りそうなお店を先取りして教えてあげるといいアピールになりそう☆　音楽や映画、ゲームなど、エンタメ系もはば広く知っていると、カレの中で好感度がアップするみたいだよ♪　何でもスマートにこなせる子にもあこがれがあるから、カレが困っていたり、何かを探していたりしたら積極的に手助けしてあげて。

お近づきチャンス

フレンドリーなカレには、同じように接することが一番！　意識しすぎてそっけなくしたり、うまく話せなかったりすると、きらわれたとカンチがいしてしまうよ。自分への好意に気づくと、その子のことばかり考えてしまうみたいだから、好きだと伝わりそうな態度がちょうどいいかも♡

カレをトリコにするポイント
目があったときの笑顔

カレは、自分に好きだと伝えてくれる人が気になるタイプ！　気持ちをこめてカレを見つめて、目があったらニコッとほほえんでみて。さりげなくボディタッチをするのも◎。気持ちが伝われば、カレはあなたのこと以外考えられなくなるよ♡

お段のカレ

- ▶ マイペース
- ▶ マナーがしっかりしている
- ▶ お兄さん気質

Part 3

NAME 頭文字っらない

好きなタイプ

カレは、友だちがたくさんいてやさしい子がタイプ。友だちからの評判がいい子に、悪い子はないという考えの持ち主なのかも。ケンカがキライだから、いつもおだやかでニコニコしているような子だとますます理想的♪　マイペースで、恋も自分のペースで進めたいタイプだから、カレに合わせてあげると◎。意外とロマンティストな一面もあるから、定番のデートコースや人気スポットにつき合ってほしいと思っているかも♪

お近づきチャンス

言葉づかいがキレイな子が好きだから、カレの前ではとくにていねいに話すように意識してみよう！　笑顔であいさつすると◎。マナーやしぐさ、笑い方にも気を配っていると、カレが意識してあなたを目で追ってくれるかも♡　目が合ったら、おしゃべりをする絶好のチャンス！

カレをトリコにするポイント
かわいくお願い♡

人にたよられるとうれしいカレ。だから、あなたが自分だけではできないことや、わからないことがあって聞きたいときには、あまえるようにお願いしてみて。そのかわいさに思わずドキッとして、力になろうと一生けん命がんばってくれるはず♡

カレとあなたをうらなう♡

❤ ラブ相性表 ♡ ✧

あなた →

あ段（あかさたな はまやらわ）

い段（いきしちに ひみり）

カレ →

	あ段	い段
あ段（あかさたな はまやらわ）	２人ともフレンドリー。何でも言い合えるから、ケンカをしてもすぐに仲直りできるよ。ラブラブが長続きするカップルに♡	カレがあなたを楽しませてくれる相性。おたがいに少し意地っぱりだけれど、素直でいれば、どんどん信らいが深まるよ！
い段（いきしちに ひみり）	まるで友だちのように会話が切れない、楽しいカップルになれる相性だよ♪ グループデートは盛り上がることまちがいなし！	考え方や性格が似ていて、息もピッタリ。おたがいに相性の良さを感じるはずだよ♡ 関係が長く続くほど、ステキなカップルに。
う段（うくすつぬ ふむゆる）	つき合いが長くなるほどラブラブになれる２人。カレはたよりになるから、あなたが困ったときはやさしく助けてくれるよ。	だれにでも明るく話しかけるあなたに、カレがシットする相性みたい。あなたの中での一番はカレだと、言葉と態度で伝えて♡
え段（えけせてね へめれ）	カレはとてもマイペース。そのペースに合わせると、恋がうまくいくはず！ とくに、カレの話は最後まで聞くように気をつけて。	好きになればなるほど、何でもカレに合わせたくなってしまうあなた。いいキョリ感を保てば、最高の２人になれそう♡
お段（おこそとの ほもよろ）	カレが取られてしまうと、あせってしまうみたい。カレはあなたとゆっくり仲良くなりたいと考えているから、まずは深呼吸。	やさしいカレが、あなたをあまやかしてくれる相性。カレが作るロマンティックなムードの中なら、照れずに素直になれるはず♡

うらない方

カレとあなたの名前の最初の文字の母音でうらなうよ。
表から、カレの母音の段とあなたの母音の段を見つけて、
交わるところの結果をチェックしてね♡

う段
うくすつぬ
ふむゆる

え段
えけせてね
へめれ

お段
おこそとの
ほもよろ

う段

カレは、あなたの前だとリラックスできるみたい。いつもみんなのリーダーとしてがんばっているカレの、安心できる人になれるよ♡

あなたがカレに心を開くまでに、時間がかかるかも。あせらずにカレをしっかりと知って、キョリを縮めるきっかけをつかんで！

おたがいに様子を見てしまうから、スタートはゆっくり。気持ちが同じだとわかれば、そこからゆっくり恋を進めていくよ♡

2人で力を合わせれば、とても強いエネルギーを生み出せるよ。ニガテや弱点もカバーできるくらい、コンビネーションが◎。

おたがいに気を使いすぎかも。もっと心をオープンにできれば、2人のキズナが深まり、ラブラブ度がアップするはずだよ♡

え段

あなたがカレに夢中になりそう。恋に熱中しすぎて、いいキョリ感を保てば、うまくいくよ！　勉強など、自分の時間も大切にして。

カレの行動にいちいち反応して、お母さんのようになりがち。カレを見守ってあげるほうが、ラブラブをキープできるよ！

お笑いコンビのように楽しい会話ができる2人。相性もバッチリだよ。いざというときたよれるカレに、あなたがメロメロに♡

あっという間だと感じられるくらい、いっしょにいる時間を楽しめる2人。共通の話題が増えるほど、キズナも深まるよ♪

あなたが何を言っても受け止めてくれる、心の広いカレ。むずかしく考えずに、あなたの気持ちを素直に伝えれば、恋がかなうよ！

お段

あなたからアプローチが必要な相性。積極的に話しかけるなど、カレと接する時間を多くとると、キョリが少しずつ縮まるよ♡

会話のテンポが合っていないように見えて、じつは相性バッチリ。おたがいの良さを引き出し合えるよ。キズナは固いはず！

おたがいに尊敬できて、ミリョクを感じられる好相性。カレがシャイだから、恋のきっかけは、あなたからのアプローチだよ♡

カレが大好きで、カレのために何でもしてあげたくなる相性。がんばるカレを応えんすることが、あなたの楽しみになりそう☆

ずっといっしょにいたかのようにわかり合える2人。好きなものや考え方も似ているよ。ステキなカップルになれる予感♡

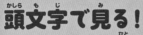

頭文字で見る！

〇〇な人

 は行  ま行 コミュニケーション上手な人

「は行、ま行」の人は、器用に自分を相手に合わせられるから、人づき合いがスムーズなタイプだよ♪　相手がじょうだんを言えばツッコミ役に、場が静かになったら盛り上げ役にと、どんな役割にもなれるから、みんなから好感を集めているはず。多くの人とコミュニケーションを取ることで、感性がどんどんみがかれていくみたい☆

あ行 さ行 や行 わ行

みんなの人気者な人

「さ行」の人は、キラキラとしたはなやかなフンイキの持ち主だよ。おしゃれのセンスもあるから、みんなに注目されるコーデであこがれを集めているみたい♪「あ行、や行、わ行」の人は、やさしくおだやかなフンイキの持ち主。いつでもまわりを思いやった行動ができるから、あなたにいやされている人はたくさん！

か行 た行 な行 ら行

アクティブな人

「か行」の人は、ポジティブでいろいろなことにワクワクしているタイプだよ。気になるものがあれば、すぐに調べたり勉強したりする熱心な努力家♪「た行、な行、ら行」の人は、エネルギッシュにつき進むタイプ。目標ができたらそれに情熱を注いで、必ず達成するよ。たまに一気に情熱が冷めてしまう場合も！

Part 4

あなたの運命星は何かな？

ミラクル☆スター
うらない

うらない／ジュヌビエーヴ・沙羅

あなたは、星をつかさどるキラカワガールだよ♪
1人に1つ、「運命星」がついていて、あなたを守り、
パワーを送ってくれているの。運命星がわかれば、あ
なたの性格や星のパワーの生かし方、さらに、未来の
王子様の特ちょうまでわかっちゃう！

運命星の調べ方

ステップ 1

表Aを見て、あなたが生まれた年と生まれた月がまじわる部分を確認して、数字を出そう。

ステップ 2

ステップ1で出た数字に、自分の生まれた日の数字を足してね。このとき、足した結果の数字が61以上になった場合は、出た数字から60を引こう。

ステップ 3

表Bを見て、ステップ2で出した数字から、あなたの運命星のアルファベットを出そう。運命星表からアルファベットを探して、運命星をチェックしてね。

例1 2009年3月6日生まれの人 ☆・☆・☆

ステップ1 表Aから、2009年と3月がまじわるところの数字は、「41」。

ステップ2 6日生まれだから、41＋6＝「47」

ステップ3 表Bから、「47」は**F**。運命星は、**プリンセススター**だよ！

例2 2010年9月28日生まれの人 ☆・☆・☆

ステップ1 表Aから、2010年と9月がまじわるところの数字は、「50」。

ステップ2 28日生まれだから、50＋28＝78
61をこえているから、78から60を引くと、「18」。

ステップ3 表Bから「18」は**H**。運命星は、**ドリームスター**だよ！

表A

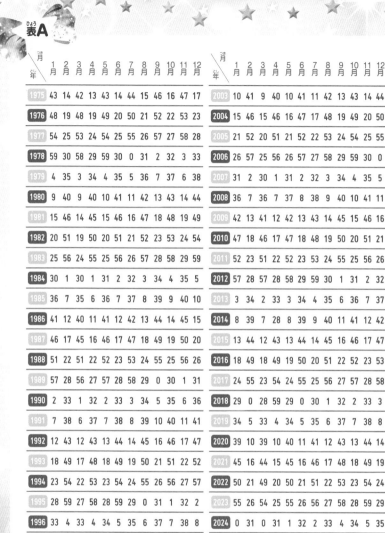

年	1月	2月	3月	4月	5月	6月	7月	8月	9月	10月	11月	12月
1975	43	14	42	13	43	14	44	15	46	16	47	17
1976	48	19	48	19	49	20	50	21	52	22	53	23
1977	54	25	53	24	54	25	55	26	57	27	58	28
1978	59	30	58	29	59	30	0	31	2	32	3	33
1979	4	35	3	34	4	35	5	36	7	37	6	38
1980	9	40	9	40	10	41	11	42	13	43	14	44
1981	15	46	14	45	15	46	16	47	18	48	19	49
1982	20	51	19	50	20	51	21	52	23	53	24	54
1983	25	56	24	55	25	56	26	57	28	58	29	59
1984	30	1	30	1	31	2	32	3	34	4	35	5
1985	36	7	35	6	36	7	37	8	39	9	40	10
1986	41	12	40	11	41	12	42	13	44	14	45	15
1987	46	17	45	16	46	17	47	18	49	19	50	20
1988	51	22	51	22	52	23	53	24	55	25	56	26
1989	57	28	56	27	57	28	58	29	0	30	1	31
1990	2	33	1	32	2	33	3	34	5	35	6	36
1991	7	38	6	37	7	38	8	39	10	40	11	41
1992	12	43	12	43	13	44	14	45	16	46	17	47
1993	18	49	17	48	18	49	19	50	21	51	22	52
1994	23	54	22	53	23	54	24	55	26	56	27	57
1995	28	59	27	58	28	59	29	0	31	1	32	2
1996	33	4	33	4	34	5	35	6	37	7	38	8
1997	39	10	38	9	39	10	40	11	42	12	43	13
1998	44	15	43	14	44	15	45	16	47	17	48	18
1999	49	20	48	19	49	20	50	21	52	22	53	23
2000	54	25	54	25	55	26	56	27	58	28	59	29
2001	0	31	59	30	0	31	1	32	3	33	4	34
2002	5	36	4	35	5	36	6	37	8	38	9	39
2003	10	41	9	40	10	41	11	42	13	43	14	44
2004	15	46	15	46	16	47	17	48	19	49	20	50
2005	21	52	20	51	21	52	22	53	24	54	25	55
2006	26	57	25	56	26	57	27	58	29	59	30	0
2007	31	2	30	1	31	2	32	3	34	4	35	5
2008	36	7	36	7	37	8	38	9	40	10	41	11
2009	42	13	41	12	42	13	43	14	45	15	46	16
2010	47	18	46	17	47	18	48	19	50	20	51	21
2011	52	23	51	22	52	23	53	24	55	25	56	26
2012	57	28	57	28	58	29	59	30	1	31	2	32
2013	3	34	2	33	3	34	4	35	6	36	7	37
2014	8	39	7	28	8	39	9	40	11	41	12	42
2015	13	44	12	43	13	44	14	45	16	46	17	47
2016	18	49	18	49	19	50	20	51	22	52	23	53
2017	24	55	23	54	24	55	25	56	27	57	28	58
2018	29	0	28	59	29	0	30	1	32	2	33	3
2019	34	5	33	4	34	5	35	6	37	7	38	8
2020	39	10	39	10	40	11	41	12	43	13	44	14
2021	45	16	44	15	45	16	46	17	48	18	49	19
2022	50	21	49	20	50	21	51	22	53	23	54	24
2023	55	26	54	25	55	26	56	27	58	28	59	29
2024	0	31	0	31	1	32	2	33	4	34	5	35
2025	6	37	5	36	6	37	7	38	9	39	10	40
2026	11	42	10	41	11	42	12	43	14	44	5	45
2027	16	47	15	46	16	47	17	48	19	49	20	50
2028	21	52	21	52	22	53	23	54	25	55	26	56
2029	27	58	26	57	27	58	28	59	30	0	31	1
2030	32	3	31	2	32	3	33	4	35	5	36	6

ステップ2で出した数字	1	2	3	4	5	6	7	8	9	10	11	12	13	14	15	16	17	18	19	20
あなたの運命星	B	F	A	G	C	E	B	F	A	G	L	H	K	I	A	G	L	H	K	I

ステップ2で出した数字	21	22	23	24	25	26	27	28	29	30	31	32	33	34	35	36	37	38	39	40
あなたの運命星	J	J	I	K	K	I	J	J	I	K	H	L	G	A	I	K	H	L	G	A

ステップ2で出した数字	41	42	43	44	45	46	47	48	49	50	51	52	53	54	55	56	57	58	59	60
あなたの運命星	F	B	E	C	G	A	F	B	E	C	D	D	C	E	E	C	D	D	C	F

運命星表

A ピースフル スター →P95

B ゴージャス スター →P96

C ブリリアント スター →P97

D レディ スター →P98

E エンペラー スター →P99

F プリンセス スター →P100

G ロマンティック スター →P101

H ドリーム スター →P102

I ジュエル スター →P103

J ワイズマン スター →P104

K ニュー スター →P105

L イノセント スター →P106

Ａ ピースフル スター

心に情熱を秘めている

あなたは、「愛と平和の星」ピースフルスターに守られているよ。ふだんはひかえめで、うまくまわりに合わせる力があるから、トラブルは少なめ。でも心の中では、自分で人生を切りひらいていこうという情熱に満ちているはず。この星の元に生まれた人は、もともと強い力を持っているよ。つらいことやにげ出したくなることがあってもだいじょうぶ！あなたの情熱と星のパワーで、勉強や恋愛も自分の理想をつかむことができるよ♪

星のパワーを引き出すには

あせをかいてスッキリ！

スポーツで身体を動かす、おフロにゆっくりつかるなど、1日1回はあせをかいて。あせをかくと、身体の中にたまっていた悪いものがいっしょに流れ出るの。スッキリしたあなたに、星がほほえんでくれるよ♡　あせをかいたら、レモンなどのさわやかな香りをかいでリフレッシュしよう。

チャームアップ アイテム

イエローのヘアアクセ

あなたのミリョクを引き出すカラーは、イエロー！　ヘアアクセにポイントカラーとして取り入れると、お守りとしてパワーをハッキしてくれるよ。さらに、イエローのサイフやポーチを持ち歩けば、おこづかいがアップするというラッキーな効果も☆

あなたの運命の王子様は

プリンス・スカイブルー →P107

プリンス・レッド →P108

B ゴージャス スター

まわりもおどろく集中力

「美しくはなやかな星」ゴージャススターに守られているあなた。集中力がバツグンで、何かに夢中になると、まわりの声がまったく届かないほど打ちこみそう。集中しすぎて、食事やすいみんなど重要なことまでテキトーになりがちだから、身体は大切にね。また、運気のアップダウンが大きいみたい。もし運気が下がっていると感じても、気にしすぎないで♪ 星のパワーで運気はすぐにアップするから、心配はまったくいらないよ。

星のパワーを引き出すには…

音楽で1日を明るく♪

生活に音楽を取り入れると◎。朝はテンションを高めてくれる曲を、夜はリラックスできる曲を聞いてみて。1日がはなやかになるよ。つかれやストレスを感じたら、楽器をひいたり、オフロで鼻歌を歌ったりするのもおすすめ。ネガティブな気持ちが、音といっしょに飛んでいくはず！

あなたの運命の王子様は ♥

プリンス・パープル
→P107

プリンス・ブルー
→P108

チャームアップアイテム

パープルのブローチ

あなたのミリョクをアップさせるカラーは、パープル。パープルにも、ピンクがかった色やパステル系の色、大人っぽいダーク系の色など、たくさん種類があるよ。自分の好みのものを選ぼう♪ それを、ブローチやネックレスなどに取り入れると◎。

C ブリリアント スター

トップに立って力をハッキ

あなたは「光りかがやく星」ブリリアントスターに守られているよ。意志が固く、決してブレないタイプ。でも、その一面は心に秘めていて、まわりの人には見せないよ。ふだんはフレンドリーで、だれとでも楽しくおしゃべりができるの。グループリーダーや委員長など、何かのトップに立つと、持ち前のタフさをハッキして活やくできるはず！　それがハッピーにつながるよ☆　全力でがんばった結果ハッピーになれるなんて、ステキだね♡

星のパワーを引き出すには・・・

のんびりしてリセットを

おいしいこう茶を飲みながら好きな音楽を流す、お気に入りの場所で本を読む、ひなたぼっこをするなど、とにかくのんびりしよう。自分をリセットできるよ。心が軽くなったら、星があなたにさらなるパワーを送ってくれるはず。毎日の生活がもっとハッピーに感じられるよ♪

チャームアップ アイテム

赤のトップス

あなたのラッキーカラーは赤だよ。パワーをハッキしたいときやミリョクをアップさせたいときは、トップスを赤系にすると◎。でも身の回りにこい色が多いと、赤のパワーが弱まってしまうよ。十分に生かせるように、他のアイテムは、あわい色のものを選ぼう！

あなたの運命の王子様は

プリンス・ブルー
→P108

プリンス・シルバー
→P112

D レディ スター

あたたかい心で包みこむ

「気品ある女性の星」レディスターに守られているあなた。クールそうに見えるけれど、本当はやさしくてあたたかい心の持ち主。困っている人がいれば、迷わず手を差しのべるよ。親切の押し売りはしたくないと考えているから、本当に助けを求めている人に声をかけるの。そんなあなたの姿を見て、カッコいいと思っている人はたくさんいるはず♪将来はすぐれた才能が認められて、かがやかしい人生を歩いていけるよ♡

星のパワーを引き出すには

まわりの人と笑い合って

とにかく笑うことが大切だよ。友だちや家族と話したり、おもしろい動画を観たりしよう。あなたがまわりの人を笑わせようとしても◎。相手の笑顔につられて、あなたも笑えるはず♪笑う人の元へは、星が幸せを運んでくれるの。口を開けて、声が出るくらい思い切り笑うのがベスト！

チャームアップアイテム

オレンジの色つきリップ

オレンジは、あなたのミリョクを最大に引き出してくれる色だよ。とくに、オレンジの色つきリップがおすすめ。ぬると、みんなの視線をひとりじめできそう♡ 学校で禁止されているなど、リップをぬれないときは、バッグにしまっておくだけでOK！

あなたの運命の王子様は

プリンス・レッド	プリンス・ホワイト
→P108	→P112

E エンペラースター

ほめられて力をハッキ

あなたは、「王様の星」エンペラースターに守られているよ。自信に満ちあふれていて、とてもパワフルなタイプ。ほめられたり、努力が認められたりすると、より強いパワーをハッキできるの。まわりに自分を見てくれる人がいると、やる気がアップしてパフォーマンス力が上がるよ。人間関係があなたの運気を大きく変えるから、人とのつながりを大切にしよう♪ それができれば、あなたの毎日はもっとキラキラとかがやきだすはず☆

星のパワーを引き出すには
家や外で植物とふれ合う

自然にふれると、あなたの中のモヤモヤしたものがスーッと消えるよ。公園の花だんをながめる、花屋で買う、自分でタネから育ててみるなど、ふれ合い方はさまざま。部屋に植物を置くとリフレッシュできるからおすすめ。スッキリしたあなたに、星がハッピーな出来事を起こしてくれるよ☆

チャームアップ アイテム

ゴールドのイヤリング

あなたのミリョクをかがやかせてくれるのは、ゴールド。イヤリングやイヤーカフ、イヤーフックなど、耳元にゴールドを取り入れると、ステキな女性に見せてくれるよ。自然と自信もわいてくるみたい！ 身につけられないときは、サイフの中に入れておくと◎。

あなたの運命の王子様は

プリンス・ピンク
→P109

プリンス・エメラルド
→P111

F プリンセス スター

やさしくまわりを気づかう

あなたは「女王の星」プリンセススターに守られているよ。思いやりにあふれていて、まわりを気づかった行動ができるの。人のいたみにやさしく寄りそうから、あなたが心をいためてしまうことも。そのときはあなたもまわりをたよって。もともと幸運にめぐまれる運命だけど、あなたが「今のままでいい」と思っているから、ハッピーを手にするまでに時間がかかるかも。「幸せになりたい！」と強く願って、積極的に行動しよう♪

星のパワーを引き出すには

自分にエールを送ろう

自分で自分をはげましてあげよう♪　朝、学校に行く前は「今日もがんばろう！」、つらいことがあったときは「だいじょうぶ！」と声をかけてみて。自分の言葉を聞くと、内側からパワーがわいてくるはず！　それに加えて星のパワーを受け取れば、あなたのハッピー度はグンとアップするよ☆

あなたの運命の王子様は

プリンス・パープル →P107

プリンス・オレンジ →P109

チャームアップアイテム

シルバーのアクセサリー

あなたのミリョクを高めてくれるのは、シルバーだよ。とくにおすすめなのは、シルバーアクセサリー。リングやブローチ、イヤリングなどはシルバーのものを集めるのがおすすめ。一番かがやく自分になりたい勝負の日には、アンクレットを身につけて♡

Gロマンティック スター

ピュアで人を疑わない

「あまい想像の星」ロマンティックスターに守られているあなた。とてもピュアで、やさしさを見せてくれたり、あなたのために何かをしてくれたりした人がいたら、すぐに信じるよ。また、ときめく恋を夢見て毎日いろいろなことに胸をおどらせているみたい♡　落ちこみやすい一面もあるけど、乗りこえる力は持っているはず。ハッキできるかはあなた次第！　がんばりすぎず、大好きなかわいいものに囲まれる時間を取ることも忘れずに♪

星のパワーを引き出すには

お気に入りのものにタッチ

自分のお気に入りのものに1日1回はふれよう。お気に入りのものや好きなものには、あなたを落ち着かせる力があるよ。ぬいぐるみをなでたり、本を読んだりすると◎。ペットと遊ぶのも効果的だよ。心が落ち着いてくると、星が力をくれるから、エネルギーに満ちてくる感覚があるはず！

チャームアップ アイテム

ネイビーのジャケット

あなたのミリョクをアップさせるのは、ネイビーブルー！　ジャケットで取り入れると、他の子には真似できないおしゃれさをハッキできるよ♪　そこに、シルバーのアクセサリーを1つ、さりげなくプラスして身につけても、さらにミリョクがかがやくかも☆

あなたの運命の王子様は

プリンス・ピンク →P109

プリンス・グリーン →P110

H ドリームスター

誠実なチャレンジャー

「夢にあふれた星」ドリームスターに守られているあなたは誠実で、不器用なところがあるみたい。まわりとなじむまで少し時間がかかるかもしれないけれど、仲良くなったらみんなから愛されるよ！ 一度にみんなと関わろうとしないで、少しずつ友だちの輪を広げて。また、あなたは好奇心がおうせいで、新しいことには何でもチャレンジしたいとウズウズしているはず。その気持ちをおさえず行動してみると、毎日がさらに楽しくなるよ☆

星 のパワーを引き出すには

しっかり笑顔であいさつ

あいさつを、自分からしよう。家族や友だち、先生に、元気に「おはよう」と言う気持ちが明るくなるよ。1日の始まりがハッピーに♪ 家に帰ったら「ただいま」も忘れずにね。あいさつすると笑顔にもなれるよ。笑顔に気づいた星があなたにパワーをくれるから、早速チャレンジしてみて♡

あなたの運命の王子様は

プリンス・ゴールド ➡P110

プリンス・イエロー ➡P111

チャームアップアイテム

白のブラウス

あなたのミリョクをかがやかせてくれるカラーは、白。気になるカレとのデートには、白のコーディネートがおすすめ。白のワンピースなどで全身白を身にまとうのもいいけれど、フリルやししゅうがついた白のブラウスが、かわいさのアピールには◎。

★ジュエルスター

みんなに愛される人気者

あなたは、「かがやく宝の星」ジュエルスターに守られているよ。いつでも笑顔でみんなと接するあなたは、どこへ行っても人気者になれるみたい！ 少しお人よしな一面もあるから、悪いさそいには注意が必要かも。しっかり自分で良し悪しを見極める力を身につけよう。もし、アンラッキーに出会ったり、何か困ったことが起きたりしても心配いらないよ！ みんなに愛されているあなただから、助けてくれる人がきっと現れるはず♪

星のパワーを引き出すには…

気持ちを文字にしてみて

日記に毎日のうれしかったことや楽しかったことを書こう。あとで見返すと幸せな感覚を思い出せるよ♪ 反対に、つらかったこともかいてみよう。言えなかったことを出せると、スッキリできるはず。文字でなくイラストで残したり、日記ではなくメモ帳に残したりするのも、もちろん◎。

チャームアップアイテム

ブラウンのベルト

あなたのミリョクを高めてくれるのは、ブラウン。ファッションに取り入れるのがおすすめだから、ベルトなどでさりげなくブラウンをしのばせて。いっしょに香りのおしゃれも楽しむと、さらにハッピーになれるよ♪ お気に入りの香りを見つけよう！

あなたの運命の王子様は♡

プリンス・グリーン →P110

プリンス・イエロー →P111

★♪ワイズマン スター

スマートさがかがやく

「知性あふれる星」ワイズマンスターに守られているあなた。頭の回転が速くてスマートだから、少し説明を聞いただけで全体を理解できてしまうみたい。人の気持ちをビンカンに感じ取り、相手を思いやった発言もできるよ。たまに負けずぎらいをハッキして、意地をはってしまうかも。それでは幸運も、真っすぐあなたの元に届いてくれないよ。相手を認めて素直になってみよう！　そうすれば幸運は、グッと近づいてきてくれるはずだよ♪

星のパワーを引き出すには

会話のキャッチボールを

相手の話をよく聞いてから自分の話をするように意識してみて。自分ばかり話していると、ラッキーが遠くなっちゃうよ。相手が話すのがニガテな子だったら、「今日は何するの？」や「昨日何食べた？」など質問してみて！　会話がはずんでいるところに、星がパワーを与えに来てくれるよ☆

あなたの運命の王子様は

プリンス・ゴールド
→P110

プリンス・エメラルド
→P111

チャームアップ アイテム

黒のシューズ

あなたのミリョクをアップさせてくれるのは、黒。ただし、ラッキーカラーだからといって全身に取り入れるのはNG。重たい印象になってしまうよ。シューズで取り入れると、はいて行った先でラッキーなことが☆　黒のバッグを持ち歩くのもおすすめ。

K ニュースター

マジメでクールなオトナ女子

「新時代の星」ニュースターに守られているあなた。正義感が強く、マジメなタイプだよ。曲がったことがキライだから、よくないことをする人には、自分の気持ちをハッキリ伝えるの。でも、自分の考えを押しつけるつもりはないから、あくまでも1つの意見としてわかってもらえればいいみたい。やる気次第で運気が大きくアップする人だから、スイッチは早めに入れて！　がんばればがんばるほど、あなたの元に幸運がやってくるはず☆

星のパワーを引き出すには

1日1回いいことをしよう

まわりの人にやさしくしよう。相手はだれでもいいよ。家で料理を手伝う、落ちこんでいる友だちに声をかけるなど、小さなことでOK！　人にやさしくすると、とてもおだやかな気持になれるよ。心が温かくなってきたら、星のパワーをより強く感じられるはずだよ。笑顔も忘れずに♪

チャームアップ アイテム

ブルーのジーンズ

あなたのラッキーカラーは、ブルー。天気がよくて気持ちいい日には、ブルーのジーンズをはいて外へ出かけてみよう。あなたのミリョクはさらにかがやくよ☆　ブルーのバッグを持ち歩くのも、あなたが持つピュアなミリョクがアピールできて◎。

あなたの運命の王子様は

プリンス・スカイブルー
→P107

プリンス・シルバー
→P112

☆Lイノセント スター

フレンドリーなあまえ上手

「ピュアな星」イノセントスターに守られているあなた。笑顔と元気いっぱいで、みんなと仲良くなれるタイプだよ。天真らんまんという言葉がピッタリな素直さの持ち主！何でもがんばって取り組む姿勢に、みんな好感をいだいているはず。あまえ上手なところもミリョクだけど、ときどきワガママにもなるみたい。かわいがられているあなただから、笑って受け入れてもらえるけれど、ワガママの言いすぎは注意しよう！

星のパワーを引き出すには
身のまわりの整理整とん

ふだんから身のまわりをキレイにしよう。学校の机の上や引き出しの中、ロッカーはもちろん、身につけるクツなどもキレイだと◎。時間があれば、少しずつそうじしてね。物がグチャグチャとしていると、星は力をくれないよ。もし気になるところがあるなら、今すぐそうじ大作戦開始！

チャームアップ
アイテム

グリーンのリング

あなたのミリョクを高めてくれるのは、グリーンのアイテム。小さなグリーンのストーンがついているリングは、大事な場面で自信を与えてくれるよ。グリーンカラーをベースにした、手作りのビーズアクセサリーも◎。ハンドメイドしてみよう！

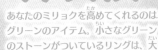
あなたの運命の王子様は

プリンス・
オレンジ
→P109

プリンス・
ホワイト
→P112

運命の人をもっと知りたい！王子様はこんな人♡

Prince Purple

プリンス・パープル

明るいけどミステリアス

だれとでも笑顔で話していて、とてもフレンドリーなタイプ。だけど、どこか本音が見えてこないよ。「本当は何を考えているんだろう」と思わせるミステリアスさがミリョク。本心は信らいできる相手にしか伝えないみたい！

B のあなたにとってのカレ

はじめは気持ちがすれちがい、ケンカが多くなるかも。そこからおたがいをじっくり知っていって、いいパートナーになれるよ。最終的には、だれよりもあなたを理解してくれそう♡

F のあなたにとってのカレ

はじめは何でも話せるいい友だちだよ。そこから、いつの間にか恋がスタートしそう。恋が始まると同時に、自然と気持ちも大きくなっていくみたい。あせらずにじっくり恋を進めて♡

A のあなたにとってのカレ

あなたのことをしっかりリードしてくれるから、結ばれるまでは意外とラクチンかも。すでに、クラスやクラブ活動で出会っている可能性が高めだよ♡　まわりをよく見てみて！

K のあなたにとってのカレ

はじめはケンカばかりで、「何でこんなに話が合わないんだろう」と不思議に感じるかも。でもそれは、じつはひかれ合っているしょうこ。ケンカをするほど仲が深まるよ♡

プリンス・スカイブルー

シュミがじゅうじつ！

自分の時間がしっかりとほしいタイプ。シュミが楽しくて、思わず夢中になってしまうみたい。音楽やスポーツなど、シュミのはばは広いよ。かんちがいも多いから、あなたと結ばれるまでに、他の女の子にフラフラするかも!?

Prince Sky blue

プリンス・レッド

努力をおしまないタフガイ

つねにカンペキな自分でありたいと、コツコツ努力できるタイプ。人に努力している姿は見せないなど、少し見えっぱりでカッコつけたがる一面もあるけれど、何でも一生けん命にがんばるところは、尊敬できるポイント。

❤ Aのあなたにとってのカレ

会った瞬間にビビッと感じるような、運命的な恋になりそう♡ カレとの出会いスポットは、パーティーやアミューズメントパークなど、はなやかで楽しい場所である可能性が高め。

❤ Dのあなたにとってのカレ

いっしょにいて心から落ち着くそんざい。困ったときにたよりにもなるから、あなたの支えになってくれるはず。カレも同じように思ってくれる、いい関係性のカップルになれるよ♡

❤ Bのあなたにとってのカレ

いっしょにいるだけで、とてもやさしい気持ちになれる人。大きな愛で包みこんでくれるよ♡ 心から安心できるから、いつでもそばにいたくなるの。年上の可能性もあるかも⁉

❤ Cのあなたにとってのカレ

会ってすぐに、おたがいに好意を感じるみたい。ふだんの何気ないおしゃべりなどで、気持ちを深めていくよ♡ あまり恋に自信がないからと、カレからのアプローチはひかえめ。

プリンス・ブルー

クールなリーダータイプ

いつもは落ち着いていてあまり目立つタイプではないけれど、トラブルが起こると前に出てきて対応してくれるよ。意見がぶつかったときに場をしずめてまとめ役を買って出てくれるなど、いざというときにたよれる♡

プリンス・オレンジ

だれに対してもやさしい♡

お願いされると断れない、やさしさの持ち主。つい引き受けてしまっても、やると返事をしたからには全力でがんばるよ！気前もよく、みんなからしたわれているはず。他の女の子にも平等にやさしいから、シットには注意。

Fのあなたにとってのカレ

困ったときに必ず助けてくれるたのもしいそんざいだよ。おたがいに、相手は自分にないものを持っていると感じるから、支え合っていけるよ。ひかれ合うのは、とても早いみたい♡

Lのあなたにとってのカレ

あなたに認められたくて努力しているのが丸わかりみたい。だんだん応えんしたくなって、いつの間にか「私がそばにいないとダメだな」と思ってしまい、愛が生まれるよ♡

Eのあなたにとってのカレ

ミステリアスなミリョクにひかれるよ。話しているうちに、共通のシュミが見つかって話が盛り上がりそう♡　自分に必要なそんざいだと感じるまで、そんなに時間はかからないみたい。

Gのあなたにとってのカレ

やさしくあなたを包んでくれるよ。なやんだり困ったりしたときに、いい相談相手にもなってくれるみたい。たくさんあなたの話を聞いてもらっているうちに、恋が芽生えそう♡

プリンス・ピンク

ひかえめだけどモテモテ

どちらかというとおとなしめなタイプだけど、勉強かシュミでだれにも負けない才能を持っているよ。一生けん命がんばる姿がステキだから、かくれファンがいるかも。まわりの女子からモテモテ。ライバルは多い可能性が！

プリンス・ゴールド

夢を持った全力ファイター

夢を全力で追いかけているから、とてもキラキラしているよ。今は夢や目標が一番かもしれないけれど、いつかあなたのことを一番に考えてくれるはず♡ そのときが来るまではあせらず、全力で応えんしよう♪

Hのあなたにとってのカレ

だれよりも考えをわかってくれると感じさせる相手。あなたの思いに応えて、どうにかしようとがんばってくれるから、とてもたよりになるよ。大切なそんざいになるはず♡

♪のあなたにとってのカレ

カレがあなたにあこがれているのが伝わってくるみたい。それをあなたもうれしく思うはず。あなたからフレンドリーに接してあげると喜ぶよ。友だちの関係から、恋が生まれるの♡

プリンス・グリーン

心が広くやさしさMAX

思いやりとやさしさにあふれているよ。自分のことよりも、まわりの人を一番に考えられるの。そんなカレをうらやましがる人もいるけれど、本人は気にしないよ。あなたが、カレの一番の理解者になってあげよう♡

Gのあなたにとってのカレ

あなたと似た感性を持っているよ。シュミや好みが同じで、話が盛り上がるはず！ アプローチはおたがいニガテだから、共通の友だちがキューピッドをしてくれるみたい♡

Iのあなたにとってのカレ

いつもそばにいてくれるそんざいだよ。カレが見守ってくれていると、ホッとするはず。あなたに対して誠実だから、ライバルがいてもまったく不安を感じずにいっしょにいられそう♡

プリンス・エメラルド

明るいけどさびしがり屋

いつもみんなを笑わせていて、笑顔の中心にいるタイプだよ。大変なことを引き受けてくれる、たのもしい一面も！意外とさびしがり屋で、1人でいるのはニガテ。いっしょにおしゃべりしたり、出かけたりしよう☆

E のあなたにとってのカレ

カレはふんわりした、やさしいオーラの持ち主だよ。あなたがつかれていると、笑わせてくれるなどして、リラックスさせてくれるみたい。あなたの心のオアシスになってくれそう♡

♩ のあなたにとってのカレ

はじめは、少し反発したくなるみたい。けれど、だんだん本音を言えるそんざいに。ふだんはあまえるのがニガテなあなただけど、カレにだったら思い切ってあまえられるはずだよ♡

H のあなたにとってのカレ

ズバリ、見た目があなたの好みだよ。そこから性格を知って、さらに好感が持てる相手なはず。会話やデートもあなたのペースに合わせてくれるから、2人の時間を心から楽しめるの♡

I のあなたにとってのカレ

他の人にはないクールさがあって、気になってしまうよ。話したくて仕方なくなったら、あなたから積極的に動くべき。キョリを縮めるためのカギは、あなたがにぎっているよ♡

プリンス・イエロー

トーク上手な情報ツウ

カレは好奇心がおうせいで、情報にくわしいタイプ。その情報量でおもしろいトークをしてたくさんの人を楽しませているよ。人望があって友だちも多いから、いっしょにいることをジマンしたくなるみたい♪

プリンス・ホワイト

ポジティブなピュアボーイ

こうと決めたらつっぱしる、ピュアな性格。どんなにつらいことがあっても、ポジティブシンキングで乗りこえるはずだよ。おふざけやじょうだんが通用しない固いところもあるタイプだから、からかうのはほどほどに。

D のあなたにとってのカレ

初対面では、カレのやんちゃで元気いっぱいなところがかわいいと感じそう。ポジティブでキラキラしているカレから、元気をもらえるよ。友だちの友だちである可能性が高いみたい♡

L のあなたにとってのカレ

カレのサバサバした性格が、あなたとマッチするよ。まったく気を使わないでいっしょにいられる相手♡ たよれる男らしさもあって、あなたにとって特別なそんざいになるのはすぐかも。

プリンス・シルバー

いつも笑顔でフレンドリー

いつでもニコニコしているから、男女関係なく友だちが多いよ。誠実だから、人づき合いもスムーズ。その一方で、意外と負けずぎらいな一面も。応えんしてもらえないとパワーが出ないから、あなたの力が必要みたい。

C のあなたにとってのカレ

クラブ活動など、グループでの出会いから関係がスタートするよ。同じシュミが発覚して、よく話す関係に。いっしょに楽しい時間を過ごすうちに、おたがい相性がいいと感じそう♡

K のあなたにとってのカレ

テストの目標が同じだったり、同じ係の仕事をしていたりして、親近感を覚えるよ。話していると相性の良さを感じられる瞬間がたくさんあって、この人しかいないと思えるみたい♡

親、友だち、みんなと仲良く！

五行相性うらない

うらない／水木あかり

みんなが生まれた日は、木・火・土・金・水というタイプに分類できるの。その分類で、親や友だちとのベストな接し方がわかっちゃう！　相性がよくないと感じるのは、いいキョリ感がつかめていないからかも。ピッタリの接し方を見つけて、楽しい毎日を送ろう♡

五行とは、「自然界にあるすべてのものは、木・火・土・金・水の5つに分類できる」という考えのことだよ。5つそれぞれに、イメージがついているの。また五行の考え方では、3つの関係性があるの。

五行のイメージ

木	火	土	金	水
[き]	[ひ]	[つち]	[きん]	[みず]
ポジティブで、元気いっぱいなイメージ	情熱的で、何事にも全力投球なイメージ	おだやかでやさしく、マジメなイメージ	いつでもおしゃれで、はなやかなイメージ	フレンドリーで、みんなを楽しませるイメージ

関係性 1

関係性 1 の図

木
水　　火
金　　土

1つは、あなたととなり合う性質との関係を表すよ。この表の矢印は、パワーの向きを表しているの。

相手からパワーをもらえる

相手が矢印の元になり、その矢印があなたに向いている場合は、相手からあなたがパワーをもらえるということ。
たとえば、あなたの性質が金で相手が土の場合、矢印は相手からあなたに向かってのびているよ。これは、あなたが相手からパワーをもらえる関係だということが示されているの。

木
水　　火
あなた　相手
金　←　土

相手にパワーをあげる

相手
水　木
　　　火
あなた
金　土

反対に、自分が矢印の元になり、その矢印が相手に向いている場合は、あなたが相手にパワーを与える関係だよ。
たとえば、あなたの性質が金で、相手が水の場合、矢印はあなたから相手へ向かってのびているよ。これは、あなたが相手にパワーを与える関係だということが示されているの。

関係性 2

関係性 2 の図

もう1つは、あなたととなり合わない性質との関係を表すよ！ この表の矢印は、攻げきの方向を表しているの。おたがいに矢印を向けていることからわかるように、2人はシゲキし合う関係だよ。

たとえば、あなたの性質が金だとしたら、おたがいに矢印を向けている木と火の人とは、シゲキをし合う相性だということ。

Part 5

五行相性うらない

相手とシゲキし合う

関係性 3

最後の1つは、性質が同じ2人の関係を表すよ。木と木、火と火、土と土、金と金、水と水、それぞれ同じ性質が重なると、パワーが強くなるとされているの。

この3つの関係がわかったら、そろそろ自分の性質やまわりの人の性質が知りたくなるよね♪ 次のページのうらない方を読んで、表から自分と相手の性質を調べよう！

・・・・・・・・・・・・ **うらない方** ・・・・・・・・・・・・

1 表1で、生まれた年から数字を出してね。

2 表2で、生まれた日と表1の数字から、アルファベットを出すよ。

3 表3で、表1の数字と表2のアルファベットの交わるところをチェックして、新たな数字を出すよ。

4 表4で、表3の数字から性質をチェックしよう。

5 自分の性質と、うらないたい相手の性質をそれぞれ導き出そう。
出せたら、P117からの診断に進んでね。

例1 2010年4月17日生まれの場合

表1で調べると、数字は…**八**

表2で、八の行と4月17日の列が重なるのは…**I**

表3で八とIが交わるのは…**4**

表4から…4は木の性質

例2 2012年1月7日生まれの場合

表1で調べると、2012に★がついているから、2011の数字をチェックすると数字は…**七**

表2で、七の行と1月7日の列が重なるのは…**F**

表3で七とFが交わるのは…**2**

表4から…2は土の性質

表1

※1月1日から2月3日まで（*がついている年は2月4日まで）に生まれた人は、生まれた年の前の年の数字をチェックしてね。

生まれた年								数字
1963	1972*	1981	1990	1999	2008*	2017	2026	一
1962	1971	1980*	1989	1998	2007	2016*	2025	二
1961	1970	1979	1988*	1997	2006	2015	2024*	三
1960*	1969	1978	1987	1996*	2005	2014	2023	四
1959	1968*	1977	1986	1995	2004*	2013	2022	五
1958	1967	1976*	1985	1994	2003	2012*	2021	六
1957	1966	1975	1984*	1993	2002	2011	2020*	七
1956*	1965	1974	1983	1992*	2001	2010	2019	八
1955	1964*	1973	1982	1991	2000*	2009	2018	九

表2

表1の数字 生まれた日	一四七	三六九	二五八
1／6～2／3	F	C	I
2／4～3／5	H	E	B
3／6～4／4	G	D	A
4／5～5／5	F	C	I
5／6～6／5	E	B	H
6／6～7／6	D	A	G
7／7～8／7	C	I	F
8／8～9／7	B	H	E
9／8～10／8	A	G	D
10／9～11／7	I	F	C
11／8～12／6	H	E	B
12／7～1／5	G	D	A

表3

※五とEの交わるところは、男性なら8、女性なら2となるよ。

表2 表1	A	B	C	D	E	F	G	H	I
一	9	6	2	7	3	8	4	9	5
二	6	6	7	3	8	4	9	5	1
三	2	7	4	8	4	9	5	1	6
四	7	3	8	3	9	5	1	6	2
五	3	8	4	9	8・2	1	6	2	7
六	8	4	9	5	1	2	2	7	3
七	4	9	5	1	6	2	8	3	8
八	9	5	1	6	2	7	3	7	4
九	5	1	6	2	7	3	8	4	1

表4

	表3の数字			
3・4	9	2・5・8	6・7	1
あなたの性質 木	火	土	金	水

Part 5 五行相性うらない

まずは基本から♪

五行性格診断

まずは、五行のそれぞれの性質が持つ基本性格を知ろう。まったく知らなかった一面が発見できるかも!? 次ページからをチェック★

木 [き] の性質

木の性質はズバリ！

- 好奇心おうせい
- もの知り
- いつでも前向き

好奇心にあふれているタイプだよ。新しい知識を得たり、何かのテクニックを習得したりして、とにかくあなたの中には情報がたくさん！　そんなあなたを、友だちはたのもしく思っているはず。また、夢に向かって努力する力は人一倍強いみたい。もしとちゅうでなやんでも「きっとだいじょうぶ！」と前向きになれる、楽観的な一面も。持ち前の好奇心とポジティブシンキングで、さわやかに物事をこなして、着実に夢へと近づいていくよ☆

みんなに聞いてきました！

男子　Q.木の性質の子をどう思う？　**女子**

 木 [き]

男子	女子
頭がいいし何でも知っているから、話が合って楽しい！	わたしが考えていることを察してくれるのは、さすが！

 火 [ひ]

男子	女子
とても冷静だし知的だし、いっしょにいて安心する！	やさしい自分を引き出してもらっている気がする！

 土 [つち]

男子	女子
マジメそうに見えて、意外とフワフワした部分もあるかな	2人きりでいると、意見がコロコロ変わるのが気になるかも～

 金 [きん]

男子	女子
話していても、イマイチ本心がつかめないから不思議	大人っぽくてあこがれるけど、少し近寄りがたい……

 水 [みず]

男子	女子
話がとにかくおもしろい！　何でも話したくなる	ポジティブで明るいところは、わたしと相性バツグン♪

◎→相性バツグン、○→相性グッド、△→相性ビミョー

火
[ひ]
の性質

火の性質はズバリ！

- 何事にも真けん
- 情熱家
- 真似できない集中力

勉強や係の仕事などに、とても熱心に取り組むよ。メラメラと燃え上がるようなガッツもあるから、運動会など勝敗のかかる場面では、だれよりも気合いを入れてがんばるタイプ。たとえ勝つのがむずかしい相手や大きなカベが立ちはだかっても、絶対にあきらめないの。また、集中力の高さと、こうと決めたらすぐ動く行動力は、みんながびっくりするレベルだよ。だけど、たまに電池が切れたように力がなくなるときもあるみたい!?

みんなに聞いてきました！

Q.火の性質の子をどう思う？

男子 / 女子

木
[き]

自分には真似できない行動力に、いつも感心させられる！

いつでも明るくパワーにあふれていて、キラキラして見える★

火
[ひ]

盛り上がるツボも、テンションが下がるポイントも同じ★

考えが似ているから、なやみを聞いてもらいたくなる！

土
[つち]

自分に自信がないとき、がんばれって背中を押してくれる！

とても前向きでポジティブだから、いっしょにいて楽しい！

金
[きん]

グループでいるとステキだと思うけど2人きりはちょっと

いっしょにいると同じ会話が多くて、ちょっとつまらないかも

水
[みず]

とってもいい子だけど、話は合わないかも……

元気がよすぎて、たまについていけないときがある～

土 [つち] の性質

土の性質はズバリ！

- ☞ 信らいバツグン
- ☞ やさしさピカイチ
- ☞ コツコツ努力型

マジメで、みんなから信らいを集めるよ。とくに、まわりをよく見て冷静な判断をしたり、困っている友だちがいたらいち早く気づいてやさしくサポートしたりする姿勢が、ポイントになっているみたい。あなたのやさしさは、人を包みこむような温かさがあるの♪　目立つのはあまり好きじゃないから、人にバレないようにコツコツ努力を重ねるよ。目標に向かって自分のペースで取り組むことで、最終的に大きな成果をあげるはず！

みんなに聞いてきました！

男子 Q.土の性質の子をどう思う？ **女子**

木 [き]

がんばって話しかけても、シャイな反応が多くて悲しい……

共通の話題が少ないから、何を話そうか迷うときがある🌀

火 [ひ]

しっかりしているけど、守ってあげたくなるフンイキがある！

わたしは考えずに行動しちゃうから、冷静でカッコいい！

土 [つち]

何でも話せる相談相手。性別は関係なく親友みたいな感じ♪

マジメで自分に正直なところが、自分と似ている気がする！

金 [きん]

落ち着いていて、話に説得力があるからいいなと思うよ！

おしとやかだし清潔感もあって、ステキだなと思う★

水 [みず]

女の子らしくてかわいいけど、ときどきマイペースにもなる🌀

仲良くなりたいのに、ガードが固くてなかなか近づけない！

◎→相性バツグン、○→相性グッド、△→相性ビミョー

金[きん]の性質

～ 金の性質はズバリ！ ～

☞ 目立つそんざい
☞ おしゃれリーダー
☞ 気分はドラマの主人公

目立とうとしなくても自然と注目を集めてしまう、生まれながらのスターだよ。ファッションセンスがあり、いつでもおしゃれにキメているあなたに、あこがれている人はたくさんいるはず！　ドラマの主人公のように生きたいと思っているから、多少つらいことがあったとしても、ヒロイン気分で楽しんで乗りこえるよ♪　ただし、お金の使いすぎには注意が必要かも。買いものの前には、何を買うかリスト化しておくのがおすすめ。

～ みんなに聞いてきました！ ～

【男子】　Q.金の性質の子をどう思う？　【女子】

みんなにニコニコせずに、ぼくだけにしてほしいって思う！

いっしょに歩くといつも注目されていて、うらやましくなる

やさしいけれど、意外とガンコな一面もあるのにびっくり♨

キラキラしていて自分とはちがうなって少しさみしくなる……

いっしょに買いものに行ったら楽しかったし、センスがいい！

見た目も性格もよくて、プチプラコーデも上手。あこがれる！

なやみを真けんに聞いてくれるから、親友だと思えるよ！

音楽や洋服のシュミが合うから、話していると笑顔になれる☆

大人っぽいフンイキがあって、ステキだなと思う！

だれに対しても気配りができてすごいと思うし、尊敬してる！

◎→相性バツグン、○→相性グッド、△→相性ビミョー

水 [みず] の性質

親しみやすさがバツグンだから、かんきょうが変わってもすぐに友だちができるよ。たとえ初対面できんちょうしていても、笑顔で話せるから、あなたといるとみんなハッピーになるの♪　興味のはばが広くて話題をいっぱい持っているから、いろいろな話でみんなを楽しませるはず。トーク力も高いけれど、同じくらい相手の話をよく聞く、聞き上手でもあるよ。相手にうまく自分を合わせられるコミュニケーション力の持ち主！

みんなに聞いてきました！

Q. 水の性質の子をどう思う？

男子　　　　　　　　　　　　　　　　　　**女子**

 木 [き]

まわりを気にかけて、自分から話しかけているのはすごい！

わたしの長所に気がつかせてくれるから、うれしくなる♪

 火 [ひ]

みんなにフレンドリー。相手に少しシットしちゃうくらい●

ノリがよくて遊ぶと楽しいけど、ノリが軽すぎるときもある……

 土 [つち]

だれとでも仲がいいから、ひとりじめしたくなる。

まわりにたよらず自立している。もう少したよってほしいかな●

 金 [きん]

いつも人を気にしているから、逆に助けてあげたくなる！

コミュニケーション力が高くて、まさに理想の女の子！

 水 [みず]

ぼくもおしゃべり好きだから、話が止まらないし盛り上がる♪

相談すると真けんに考えて答えてくれるから、信らいできる★

◎→相性バツグン、○→相性グッド、△→相性ビミョー

相性さえわかればだいじょうぶ！

親との接し方診断

うらない方 box

うらない方 あなたの性質に対して、親の性質が何かをチェックして、その結果のところを読んでね。関係性や接し方のポイントがわかるよ。

Part 5
五行相性うらない

あなたの性質

木
[き]

×

親の性質

木の親

努力する姿勢を見せて

親らしくあなたを導こうとして、かなり教育熱心になるみたい。勉強や習い事など、他の人はできないような経験を、たくさんさせてくれそう。だから、あなたが楽しみながらがんばる姿を見せれば、喜んでくれるよ。

火の親
[ひ]

見えないつながりが強い

パワフルで、とても感情表現が豊かなタイプの親だから、少しだけあなたとの温度差を感じるかも。でも、おたがいの気持ちは自然とわかり合えるから、気にしすぎなくてだいじょうぶ。心から尊敬できるそんざいみたい。

土の親
[つち]

適度なキョリ感がポイント

あなたの親は、努力すれば何でもできると考えているタイプ。あなたはとても器用だから、「マジメにコツコツがんばろう」という親の考えにちょっとつかれてしまうかも。そういう考えもあると、聞いているだけでも◎。

金の親
[きん]

あなたの心をオープンに

あなたの親は、もっとあなたとコミュニケーションを取りたいと思っているみたい。てれくさくてあまり話したくないなら、テストの結果などを見せることから始めてみて。口で伝えられないなら、態度で示そう！

水の親
[みず]

感謝の気持ちを忘れずに

あなたのために全力をつくしてくれる親だよ。チャンスをたくさん作ってくれるから、そのたびにしっかりありがとうと伝えて、一生けん命取り組もう。そうすれば、あなたの可能性はもっと広がるはずだよ★

123

あなたの性質 **火** [ひ] × 親の性質

木の親 [おや]

いっしょにいる時間が大切

あなたの親は、あなたが何かを「やりたい！」と言ったら全面的に応えんしてくれるよ。言葉を交わさなくても気持ちをわかってくれるみたい♪ たまにはいっしょに外へ出かけると、それまで知らなかった面が発見できて◎。

火の親 [ひ]

たくさんおしゃべりを

あなたの親は、あなたと友だちのような関係でいたいと思っているよ。なやみを相談し合うと、答えは出ないけど落ち着くみたい。ケンカをしたら、何でもない話をたくさんしようと意識して。自然と仲直りできるはず♪

土の親 [つち]

困ったらまずは相談して

あなたの親は、社会のために働く姿がかっこよく、あなたのお手本のようなそんざいになってくれるよ！ 生きる上で大切なことを教えてくれるから、困ったらすぐに相談して。相談すれば、的確なアドバイスをくれるはず。

金の親 [きん]

正しいマナーがポイント

あなたの親は、いろいろなグループで注目の的になっているよ。いっしょにいるあなたも、注目されたときにはずかしい思いをしないように、マナーや礼ぎはくわしく教えられるかも！ 意識して身につけておくと◎。

水の親 [みず]

自立した考えでいてOK

親子だけど、性格や考え方はあまり似てないかも。あなたの親は、あなたにたくさん意見を言うけれど、必ず言うことを聞いてほしい、合わせてほしいとは思ってないみたい。無理しないで、あなたらしく進んでOKだよ。

あなたの性質 **土** [つち] × 親 の性質

木 [き] の親

自分の意見は適度に主張を

あなたの親は、とても頭がよくてスマートなタイプ☆ 「勉強しなさい！」が口グセになっているかも。言われたとおりにがんばりつつ、あなたのやりたい事もしっかり主張しよう。気持ちを感じ取ってくれるはずだよ。

火 [ひ] の親

感謝は言葉にして伝えて

あなたの親は、とてもピュアで真っすぐな人。マイペースなあなたの背中を力強く押して、やさしくサポートもしてくれそう。ワガママを言いすぎず、感謝の気持ちはしっかりと伝えると、さらにがんばってくれるよ。

土 [つち] の親

友だちみたいに接して

あなたの親は、まわりの目を気にしすぎない、心の強さを持った人！ 友だちのように接していると、いつの間にか何でも話せるようになるよ。何事も迷いがないから、なやみを相談したらすぐに答えてくれるはず★

金 [きん] の親

いいキョリ感を保とう

あなたの親は、人生を楽しんでいる、はなやかなタイプ♪ 親自身の楽しみがあるから、あなたにつきっきりではないかもしれないけれど、小さな変化に気づいてくれるよ。必要なときはそばにいて支えになってくれるはず！

水 [みず] の親

つっぱねすぎに要注意

あなたの親は社交的で、とても友だちが多いよ。少数の友だちと深くつき合いたいタイプのあなたとは、考え方がちがうかも。親の考えを理解しようとする姿勢が大切なときもあるから、ケンカをしたら話はしっかり聞こう。

あなたの性質 金[きん] × 親[おや]の性質

木[き]の親[おや]
本当の気持ちはかくさずに

あなたの親は、あなたにとても期待しているから、進路や将来の話をしたがるかも。無理して期待に応えようとしないで、自分の希望は素直に伝えて◎。ただし、感情的にならないように、深呼吸をしてから話そう。

火[ひ]の親[おや]
ごきげんを要チェック

あなたの親は、テンションのアップダウンがはげしいタイプみたい。お願い事や相談をするなら、ニコニコしているときをねらって！ 気持ちが下がり気味のときはさけたほうが◎。そのほうがスムーズに話が進みそう♪

土[つち]の親[おや]
今のキョリ感が理想的

あなたの親は、あなたをよくわかってくれる一番のそんざいだよ。やさしく愛で包みこんでくれるの。いいキョリ感で見守ってくれるから、口出しはほとんどされないみたい。話があるときは、あなたから声をかけよう。

金[きん]の親[おや]
フランクな関係がベスト

あなたの親とあなたは、感覚が似ているよ★ あなたが親に相談するのはもちろん、あなたが親から相談される場合もあるから、しっかり考えてあげよう！ まわりからは、親子というより友だちみたいだと言われそう♪

水[みず]の親[おや]
みんなでワイワイ楽しもう

あなたの親は、あなたの個性を生かしてくれるよ。そして楽しいことが大好き。いっしょに手料理を作って、ホームパーティーをすると盛り上がりそう。その計画をするために会話が増えると、関係がさらによくなるよ★

126

あなたの性質　水［みず］× 親の性質

木の親［き］

勉強関係の相談をすると◎

あなたの親は、あなたのいいところに気づいてくれるよ。口にしてほめてくれるから、自信につながるはず♪　親自身が勉強好きで、大人になっても学び続けているから、勉強法の相談をしてもいい答えがもらえそう！

火の親［ひ］

本心を読み取る努力を

あなたの親は真っすぐな性格で、自分の考えは素直に発信するタイプ。たまに言い方がキツいと感じるかもしれないけれど、あなたをキズつけるつもりはまったくないよ！　本心を読み取ることがポイントになりそう★

土の親［つち］

自分の力を信じて進もう

あなたの親は、あなたの行動に口を出したり、意見を押しつけたりはしないよ！　あなたが思うように努力して、自分の力で道を切りひらいてほしいと思っているみたい♪　それでも、たまには親の考えを聞くと◎。

金の親［きん］

きびしさも受け止めて

あなたの親は、あなたと正面から向き合ってくれるよ。やさしく、ときにはきびしくしてくれるの。それも愛情だから、しっかりと受け取ろうね。いっしょに出かけると、自然と会話が増えて関係が深まるはずだよ♪

水の親［みず］

必要なときは協力しよう

あなたの親は、フリーダムに自分の人生を楽しんでいる人！　だから、あなたも自由にやりたいことをやらせてもらえそう。おたがいにとくに口を出さないけど、つらくなったら力を合わせてがんばれる、いい関係だよ★

先生や先パイなど、接し方を知って関係をよりよくしたい人は親の他にもいるよね。もし誕生日がわかるようなら、診断して、接し方のワンポイントをチェックしてみよう☆

あなたの性質

木[き] × 目上の人の性質

 木[き]の人
あなたをよく理解してくれるよ。なやみを相談すると、相手をゴカイしていたとわかりそう。

火[ひ]の人
あなたをとことんかわいがってくれるみたい。親しくなっても礼ぎや気づかいは忘れずに。

 土[つち]の人
ずっとそばにいると感じるのは、心配してくれているから。1人でも平気だと行動で示そう。

 金[か]の人
あなたと考え方がちがっても、まずは話を聞いてみて。それからあなたの気持ちを伝えよう。

水[みず]の人
あなたの才能を見ぬいてくれるよ。いっしょにいると勉強になるから、よく話を聞いて。

あなたの性質

火[ひ] × 目上の人の性質

木[き]の人
あなたのアクティブさを認めてくれているよ。話をしっかり聞くと、思わぬ発見がありそう。

 火[ひ]の人
相手が少しおこりっぽく、口ゲンカになることが。まずは、あなたが冷静になってみて。

土[つち]の人
あなたを導いてくれるそんざいだよ。約束の時間におくれると、信らいを失うから注意して。

金[か]の人
相手が友だちみたいな態度でも、合わせるのはNG。目上の人だという意識は強く持って接して。

 水[みず]の人
あなたにライバル心を燃やしているかも。あなたは、他の人と変わらない態度で接するのが◎。

あなたの
性質

土
[つち]

×

の性質

木の人
2人きりだとそっけないかも。大人数で行動すると、うまくコミュニケーションが取れるはず。

火の人
あなたのがんばりを認めてくれるそんざい。テキパキしているから、おくれずについて行って。

土の人
マジメな性格が似ているよ。何かあったら相談すると、あなたの気持ちをわかってくれるはず。

金の人
あなたの努力に気づいて、評価してくれる人。相手に思いやりを見せると信らいがアップ。

水の人
あなたに期待して、きびしくするみたい。受け止めて、その気持ちに応える努力ができると◎。

あなたの
性質

金
[きん]

×

目上の人
の性質

木の人
何かとあなたに意見してくるかも。イヤミを言われてもスルーして◎。あなたらしさを大切に。

火の人
相手が努力を求めてきても、無理しすぎなくて◎。あなたらしくがんばっているとアピールを。

土の人
あなたが笑顔で話すと、スムーズに関係を築いていけるよ。もちろん気づかいも忘れずに。

金の人
あなたともっと仲良くなりたいと思っているみたい。あなたが積極的になると、喜ぶはず。

水の人
あなたに何かと幸運をくれるよ。相手に思いやりを見せれば、大きなチャンスを得られるかも。

あなたの
性質

水
[みず]

×

の性質

木の人
みんなからしたわれていて、尊敬できるそんざい。おしゃべりが好きだから、よく話を聞こう。

火の人
あなたにとってはあこがれのそんざい。2人きりだときんちょうするなら、グループで話すと◎。

土の人
あなたをうらやましいと思っているよ。この人の前では、目立つ行動はさけたほうがいいかも。

金の人
あなたの意見を聞いてくれるよ。かなえたい夢や希望を伝えると、サポートしてもらえそう。

水の人
あなたと対等に向き合ってくれる人だよ。話も合うけど、ケジメは大切にするのがポイントに。

もっと友だちと仲良くなりたい！

キズナ強化診断

うらない方

ステップ1

自分の性質を1として、時計回りに順番に数字をふってね。たとえばあなたが土の性質なら、下の例の表のように、金が2、水が3、木が4、火が5となるよ。友だちの性質の番号を出して、次のページで当てはまるところを読んでね。

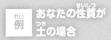
←→ シゲキし合う関係
→ 矢印の元のほうが強い関係

例 あなたの性質が土の場合

木 4
水 3
火 5
金 2
土 1 あなた

ステップ2

p132からは、さらにくわしく2人の相性と接し方を解説しているよ。自分の性質のページにある、友だちの性質のところをチェックしてね。

カンタンにわかる！
もしものときのトラブル解決法

1 の友だち
あまえすぎに注意して
あなたと性格が似ているから、本当は楽しいことからつらいことまで、わかり合えるはずだよ。ただ、仲良くなりすぎて、何をしても許してくれるだろうと思ってしまうのがトラブルの原因に。仲良しでも、おたがいに思いやりの気持ちを忘れずに。

2 の友だち
シット心はおさえよう
友だちとしてはベスト相性！　だから、2人きりでいるときは何も問題ないはず。トラブルが起きるとすれば、何人かで遊んでいるとき。あなたの中に「この子と一番仲がいいのはわたし！」というシット心が芽生えそう。みんなで仲良くを心がけて。

3 の友だち
グループ行動がポイント
本当は、あなたより友だちが強くなる相性。2人きりだと強気な友だちに、あなたがつかれてしまうかも。ただし、2の友だちがいっしょにいると、あなたも3の友だちもフンイキが変わるはず。グループ行動が、さらに仲良くなる秘けつかも。

4 の友だち
あなたから歩み寄って
あなたのほうが強く、友だちが少しえんりょしがちになる相性。仲良くしたいと思っているなら、あなたがやさしさをしっかりとアピールする必要がありそう。友だちのきんちょうが解けたら仲良くなれるはず。5の友だちにサポートしてもらうのも◎。

5 の友だち
2人きりで話してみると◎
あなたをサポートしてくれたり、楽しませてくれたりする友だちだよ！　でも、2人の信らい関係は、まわりにいるメンバーによって少しぐらつくみたい。2人の時間を増やして思いやりを見せて、「いつもありがとう」と伝えてみると、関係が深くなるよ。

知って楽しい
2人の相性&接し方チェック

あなたの性質

木[き]

× 友だち の性質

 木[き]の友だち

スマートな似た者同士

おたがいに頭がよくて、はば広い知識を持っているよ。それを生かして話し合うのが楽しいみたい♪ 2人の会話が興味深いと、まわりから注目されることも。考え方が似ているから、つらいときに相談するなら木の友だちが◎。

🔥 **火[ひ]の友だち**

つき合いが長くなる予感

あなたの長所を理解してくれる友だちだよ。あなたが知らないことをたくさん知っているから、いっしょにいると、自分がどんどん成長できているのが実感できそう★ 仲良くなれば、強くて深いキズナが生まれるはず!

土[つち]の友だち

グループでのつき合いが◎

あなたにとって土の友だちは、シゲキし合う関係。2人でいると、土の友だちの説得力のある意見にふり回されて、つかれてしまうかも。あなたが冷静に判断できないときは、火の友だちを呼んでみて! おだやかに話し合えるよ。

金[きん]の友だち

いっしょに成長できる相手

よきライバルになれる2人。負けたくない気持ちが、おたがいを高めるよ! ライバル心を燃やしつつも仲良くできるそんざいに。2人きりのときにケンカをしてしまったら、水の友だちに話を聞いてもらうと仲直りできそう★

 水[みず]の友だち

はげまし合えるそんざい

水の友だちが、あなたをサポートしてくれるよ! 友だちのおかげで、仲間が増えたり新しいチャレンジができたりしそう。また、2人とも大きな夢を持っているよ。その夢に向かって努力し助け合えば、かなえられるはず!

あなたの性質 **火**[ひ] × 友だち の性質

木[き]**の友だち**

あなたを見守ってくれる

熱くなって、思い立ったらすぐ行動したくなるあなたを、落ち着かせてくれるよ。木の友だちのおかげで失敗も減りそう。友だちは、あなたの行動力にあこがれているみたい！ いいところをわかり合える、ステキな関係だよ♪

火[ひ]**の友だち**

秘密を守れば相談相手に

おたがいの気持ちが手に取るようにわかるから、かなり深いつき合いになりそうな2人。火の友だちから秘密を聞いたら、絶対に他の人に話さないように気をつけて！ それさえ守れば、おたがいに最高の相談相手になれるはず★

土[つち]**の友だち**

明るく笑顔で話しかけて

あなたは、コツコツと努力できる友だちから学ぶことがたくさんあるはず。反対に友だちは、あなたの笑顔に助けられていると思っているよ★ 2人で明るいフンイキをキープすれば、最高の友だちでいられることまちがいなし！

金[きん]**の友だち**

心のキョリを縮めると◎

仲がよさそうに見えるけれど、どこかキョリを感じているみたい。もっと会話を増やすと関係が深まるよ！ そうすれば、今心にある小さな気がかりも、解消できるはず。土の友だちに間に入ってもらうのもいい効果がありそう。

水[みず]**の友だち**

思いやりの心を忘れずに

いっしょにいて気が楽だからと、ついあなたの口調が雑になってしまうみたい。そのせいで友だちがキズついてしまうかも。「親しき仲にも礼ぎあり」という言葉を忘れずに、相手を思いやる気持ちをつねに持つと◎。

あなたの性質 **土**[つち] ×

友だちの性質

木の友だち

あなたが勇気を出して

雑学にくわしくて話が上手な友だちと仲良くなりたいけど、きっかけがないみたい。友だちも同じ気持ちのはずだから、あなたが勇気を出して声をかけて。一番の親友になれそう！　火の性質の友だちをたよるのも◎。

火の友だち

アドバイスは素直に聞こう

あなたが困っていると、必ず助けてくれるやさしい友だち。ハッキリとしたアドバイスをくれるから、たよりになるはず。よき相談相手になってくれるよ！　アクティブだから、何かにチャレンジするきっかけも作ってくれそう。

土の友だち

最高のおしゃべり仲間

おしゃべり仲間にピッタリな2人。イヤなことがあっても、友だちと話せば忘れられそう。いっしょにいて波長が合うから、心からリラックスした時間を過ごせるよ！　ただし、おたがいにあまえすぎないように注意が必要かも。

金の友だち

不思議といいコンビに

性格は正反対に感じるのに、なぜかウマが合うみたい。大人数はもちろん、2人で遊んでも楽しめるよ★　おしゃれな友だちにシゲキされて、あなたのセンスも上がりそう。ファッションの相談をするなら、金の友だちが◎。

水の友だち

気楽に話しかけると◎

水の友だちが人気者すぎて、あなたの気が引けてしまうかも。でも、不安に思う必要はないよ！　相手は何も気にしていないから、自然な態度で話して。そのほうが友だちも喜ぶはず★　金の友だちがいっしょだとより楽しめそう。

あなたの 性質 **金** [きん] × **友だち** の性質

 木 の友だち

意見は素直に受け止めて

木の友だちは、ハッキリと自分の意見を伝えてくれるから、参考になりそう。ただ、その一言が胸にささり、つらくなってキョリを置きたくなるときも。水の友だちがいっしょにいてくれると、素直に受け入れられるみたい。

火 [ひ] の友だち

とてもたよりになる相手

あなたが火の友だちをたよりすぎてしまう相性。度がすぎると、友だちがはなれてしまうかも。「いつもありがとう」と伝えるだけで、2人の関係はよりよくなるよ！　もしケンカをしてしまったら、土の友だちをたよろう。

土 [つち] の友だち

ノリが合うベストフレンド

あなたが楽しそうなことを見つけたら、友だちがやってみようとのってくれる、ベストな相性！　あなたも友だちのアイデアを楽しく思えるの。2人でやれば、楽しさは2倍になるよ。ノリが合うから、長く友だちでいられそう♪

金 [きん] の友だち

考え方が似ている同志

ハデ好きなところが似ているよ。大きなケンカもなく、友だちでいられそう。2人とも、他の人には真似できないような個性をハッキするから、みんなから注目を集めているみたい。いっしょに歩けば、気分はまるでスター!?

水 [みず] の友だち

いっしょに出かけると◎

どんなことでも乗りこえる友だちを、あなたは尊敬しているはず。それが態度に表れているから、友だちはあなたの気持ちに気づいているよ。アミューズメントパークへ出かけて楽しさを共有すると、キズナが強くなるみたい！

あなたの性質 **水**[みず] × 友だち の性質

木[き]の友だち

シゲキをくれるそんざい

つらいことがあっても、夢に向かってチャレンジし続ける友だちの姿を見て、いいシゲキをもらえそう。反対に友だちは、あなたの現実的な視点や人との接し方から学ぶことが多いみたい。おたがいを尊敬し合えるよ！

火[ひ]の友だち

あこがれがつのる相手

性格がちがうからこそ、友だちに強くあこがれるけれど、すぐには仲良くなれないかも。火の友だちと仲良くなるには、あせらないことがポイントに！木の友だちがきっかけを作ってくれて、関係がゆっくり深まっていくみたい。

土[つち]の友だち

心をオープンにして接して

マジメな友だちに対して、初めは少しキョリを感じてしまうみたい。仲を深めるきっかけを作ってくれるのは、土の友だちから。カベを作らず、心を開いて話してみると◎。金の友だちがいると、スムーズに関係が深まりそう！

金[きん]の友だち

深くわかり合える2人に

あなたは、いつもキラキラとしていて目立つ友だちをまぶしく思うみたい。でも、いっしょにいると安心感があるはず。それは友だちがやさしい人だと知っているから。おたがいに深く知り合った、親友になれそう★

水[みず]の友だち

しっかり者で自立した相手

好みが似ているから、いっしょに遊ぶには最高の友だち！ただ、おたがいしっかりしていて、1人でも行動できるタイプだから、友情が長続きしない可能性が。ずっと仲良しでいるには、おたがい努力する必要があるみたい。

じつは幸運のサイン☆
ラッキードリームうらない

うらない／マドモアゼル・愛

ねむっている間に見る夢。じつは、現実でいいことが起こるというサインを送ってくれている場合があるよ。見た夢を思い出して、解き明かしてみよう♪ 金運アップ、運命の恋のスタートなど、読めば読むほど未来が楽しみになって、ワクワクしちゃう！

1

明るい光の夢

まぶしい光に包まれたり、フラッシュのようにピカッとした光が目に焼きついたりする夢は、あなたに大きなえいきょうを与えてくれる人との出会いがあるという意味。光にドキドキする夢の場合もあるけれど、それも合わせてラッキードリームであるしょうこ☆

特別な意味を持つ！

ハッピー

ねむっている間に見る夢には、特別な意味があるって知っている？ 夢は、たくさんのメッセージを送ってく

2

アクティブになっている夢

夢の中のあなたが、積極的でアクティブなときは、恋がかなうというサイン♡ この夢を見たときは、現実でも同じように行動するといい結果になる可能性が高め。恋愛や結婚を意味する、お金、広い道、とびらなどが出てくる場合も♪

3

ショックを受ける夢

夢の中でショックを受けたり、泣いたりするくらい感情が大きく動く夢は、じつは最高のラッキードリーム☆ この夢を見ると、願いがかなうと言われているよ。目が覚めたときに現実の自分も泣いているくらいこわい夢だとしても、いい夢だから安心して！

4

つらく苦しい夢

苦しかったり、不安だったりする夢は、**心が成長できる**という意味を持つよ♪　現実でも、ステップアップするためには大変な思いをするもの。夢の中でつらく苦しい思いをしたら、現実ではあともう少しがんばってみて。必ず成長できるはず☆　夢の中で苦しい思いをするほど、大きくステップアップできるという意味も！

5

花や実の夢

花や木の実が出てくる夢は、お金との結びつきが強いラッキードリームだよ☆　これらの夢を見たら、**金運がアップしている**というしるし。予想外のおこづかいをゲットできたり、欲しいと思っていたものをプレゼントしてもらえたりするかも♪　夢のフンイキが明るいほど、ラッキーへの期待はアップするよ！

ドリーム6

れているの。夢が教えてくれるサインを知って、ラッキーの訪れをのがさずキャッチしよう☆

Part 6　ラッキードリームうらない

6

くり返し見る夢

何度も見る夢は、**ベストな方法を選ぶために大切なことがわかる**という暗示♪　これから進むべき道や、選ぶべきものを教えてくれている可能性が高め。たとえば、危険な場面に直面する夢を何度も見るとき。現実で同じような場面になったら、夢と同じ行動を取らないようにして、悪い結果を引っくり返すべきだと教えてくれているの！

ラッキードリームバイブル

ラッキードリームの大きな分類は、もうバッチリだよね？ ここからは、さらにくわしく幸運をまねく夢を教えちゃう♪ これを読めば、幸運をのがさないよ！

朝

朝日がのぼる夢や朝の夢は、運気がアップしてきたしるし。努力が報われるから、今計画していることはスタートさせよう！ もしなやんでいることがあるなら、それがすべて解決するという意味も☆

イチゴ

イチゴは恋のシンボル！ 近いうちに、最高の出会いがあると伝えてくれているラッキードリームだよ。あこがれのロマンティックな恋が始まる予感♡

イルカ

イルカが夢に出てきたら、あなたがカベを乗りこえられるというしるし。今はむずかしいと感じている問題も、もうすぐ解決して、心がスッキリするはず♪

イルミネーション

キラキラのイルミネーションは、友だちやカレとの仲が深まるしるし。心が温かくなるようなことが起きるはず♪ 夢の中でだれかといっしょにイルミネーションを見ていたら、現実で同じシチュエーションになる可能性が高いよ♡

失う

何かをなくす夢は、現実で宝ものが見つかるという意味！ ものだけでなく、大切な人と出会う可能性があるよ。あなたにアドバイスをくれる人が現れるかも！

ウマ

ウマが元気よく走っている夢を見たら、恋のスタートが近いというサイン♡ ときめく出会いが訪れるから、目を光らせておいて。

絵の具

あなたのアクション次第で幸運になれると教えてくれているよ。明るい色の絵の具を見たら冷静に、暗い色の絵の具を見たら積極的に行動すると、ラッキーがあなたの手に届くはず☆

王子様

もうすぐ大きな幸運が訪れるというしるし！ なやみや自分をしばる考え方がキレイさっぱりなくなり、ポジティブになれるはず☆

お金をもらう

お金をもらう夢は、恋がうまくいくしるし！ 相手から話しかけてくれるかも♡ 恋に限らず、家族や友だちなど、大切な人たちとの関係がさらによくなることも示しているよ♪

カレンダー

近いうちに、ハッピーなサプライズ体験があるかも♪ 夢で見たカレンダーの日づけを覚えていたら、その日に何かが起こるかもしれないから、期待していよう！

黄色

夢から覚めたときに、よく覚えていたものの色が黄色なら、超ラッキー！ エネルギーに満ちあふれるよ。とくに、車や家、船が黄色だったら、希望がかなうというサイン☆

キンギョ

欲しかったものをゲットできるかも！ キンギョの色が金色か、オレンジ色が強かったら、さらなるラッキーが期待できそう。

雲

キレイでカラフルな雲だったら、最高のラッキードリーム☆ あなたが願っていたことが必ずかなうという意味だよ。具体的に願いをイメージしよう！

おどる

自分がおどっている夢なら、近いうちにいいことがあるというしるしだよ☆ 自分以外の人がおどっているのを見る夢なら、あこがれのそんざいに近づくチャンスがあるかも！

鬼

夢に出てくる鬼は、あなたの人気を示すよ。鬼があなたの元にやってくる夢を見たら、人気者になれるサイン。ここぞというときに、強いパワーがハッキできると伝えている可能性も！

鏡

鏡に、理想の自分が写っていたら、あなたのイメージチェンジが成功することを示しているよ。この夢を見たらなりたい自分を具体的に思いうかべて、さっそくチャレンジしてみよう☆

公園

夢で公園を見たら、いいアドバイスがもらえるという暗示。心が軽くなって、笑顔があふれるよ♪ 公園を散歩している夢だったら、もうすぐステキな相手との運命の出会いがあるかも♡

サクラ

サクラを見る夢は、勉強がはかどって成績がよくなるというしるし。サクラふぶきの中にいたら、あなただけでなく、友だちや家族にもいいことがあるかも♪

サラダ

サラダは、金運を表すよ！ みずみずしいサラダを見たら、予定外のおこづかいをゲットできるチャンス。身の回りにそのヒントがあるはずだから、探してみて☆

賞

何かの賞を取る夢は、あなたが人気者になると伝えてくれているよ。ただし、たくさんほめられても調子に乗りすぎないように！

ドリームQ&A

Q 夢は、何でいつもいいところで終わってしまうの？

A 「もう少しでいいところ！」というタイミングで目が覚めてしまうのは、それだけコーフンしているから。あともう少しでカレとキスできたのに……なんて場面で起きるのは、あなたの気持ちが高まっているしょうこなの！

そば

そばを食べる夢を見たら、物事がスムーズに進むというサイン！　何でもあなたが思ったとおりにかなうから、目標に向かってトライする絶好のチャンスだよ。

ダイヤ

かがやくダイヤが夢に出てきたら、恋にまつわるラッキーがあるよ♡　大好きなカレに告白されたり、デートにさそわれたり、とてもうれしいことがある予感！

太陽

まぶしい太陽の夢は、あなたがエネルギーで満ちているしるし。健康状態もバッチリだから、まわりの人に応えんしてもらえれば、大きな成果を出せるはず♪

タカ

タカの夢を見るのは、あなたのやる気が上がっているしるし！　「こんなことにチャレンジしたい」「こんな自分になりたい」という希望があるなら、この夢を見たときが実行のチャンス☆

ツバメ

ツバメは、ラッキーを運んできてくれるトリ。努力が報われて、うれしい結果が出るよ！　ツバメが飛んでいるのを見る夢なら、恋愛運アップ中というしるし♡

図書館

図書館へ行く夢は、今までの努力が報われるしるし。まわりの人があなたのがんばりを見て、認めてくれるはず☆　その日は近いよ♪

取られる

何かを人に取られる夢は、逆にあなたが欲しいものを手にできるという反対の意味のラッキーな夢。好きなカレを取られる夢なら、現実ではカレからあなたにアタックしてくれてハッピーになれる可能性が高いの♡

流れ星

びっくりするようなラッキーが起きて、そこからスピーディーに物事が進む暗示。人気運がアップすることも表しているよ☆

泣く

あなたに平和が訪れるしるし。泣くと気持ちがスッキリするように、現実もよくなるよ。みんなからの注目を集め、意見が通りやすくなるという意味も！

なわとび

なわとびの夢を見たら、何かウキウキすることが起きるしるし。ただ、待っているだけでは楽しみをのがしてしまうかも。ニガテな分野にトライすると、楽しみがうかび上がってくるよ！

城

ステキな城を見る夢は、希望がかなう時期を示すよ。城までのキョリが遠ければ、かなうまでもう少し時間がかかって、近ければ、もうすぐかなうという意味♪

神社

新たなスタートが切れるしるし。これを機に何かを始めてみると、あなたの才能がハッキできて、ステキな毎日を送れるよ♪　友だちが神社にいたら、その子と親友になれるということ☆

スプーン

ステキな出会いが訪れると伝えてくれているラッキードリーム♪　恋愛だけでなく、友だちや先生など、あなたを成長させてくれる人とのつながりが生まれるよ。

先生

夢に学校の先生が出てきたら、勉強がはかどるしるし。今から一生けん命がんばれば、テストでいい成績が出せるはずだよ☆

ハクチョウ

片思い中のカレとの恋が進む暗示♡ 2人のつながりがより強く、固くなるよ。ハクチョウにえさをあげていたら、友だちとの結びつきが強くなるという意味！

ヘビ

金運がアップする夢だよ。おこづかいがアップするか、ずっと欲しいと思っていたものを買ってもらえる可能性が♪ とくに、ヘビの色が白ければ最高。

やけど

やけどをするのはうれしくはないけど、じつはとてもラッキーな夢。親友ができたり、目標に向かっていっしょに協力してくれる仲間が現れたりするはず☆ この運気は、一度手に入れたらずっとあなたに味方してくれるよ！

飛行機

飛行機をそうじゅうする夢は、願いがもう少しでかなうというサイン！ かなう前にカベにぶつかるかもしれないけれど、あなたなら乗りこえられるはずだよ。

星

きれいな星を見ている夢は、もうすぐ願いがかなうと伝えているよ。星を手につかんでいたら、あなたに変化が起きるしるし。楽しみに待っていよう。

リス

恋愛に関してラッキーが起こるというサイン♡ ステキなカレと結ばれたり、この人だ！とビビッとくる運命の出会いがあったりするかも。友だちもいっしょに喜んでくれそう♪

日の出

最高のラッキードリーム☆ 何もかもがうまくいって、毎日がハッピーであふれるよ。たくさんの情報がゲットできて、やることすべていい結果を出せそう！

女神

女神を見る夢は、恋の進展を表すの♡ 女神と話していたら、さらにラッキー度はアップ！ カレとの関係がどんどん深まって、結婚の約束までしちゃうかも!?

ヒヤシンス

ヒヤシンスを見るのは、あなたが愛されるというサイン♡ 好きなカレからステキなものをプレゼントされたり、情熱的なアプローチをされたりするかも！

モンスター

見たこともないモンスターにさわる夢は、イメチェンできるというしるし。なりたい自分の理想像やあこがれの人を友だちに伝えると、その姿に近づけるよ☆

富士山

新年になって見た初夢に富士山が出てきたら、超ラッキー☆ この夢は、夢や目標がかなうことや、あこがれのそんざいに近づいていることを示しているよ。金運も上がっているしるし！

ドリームQ&A

Q 夢を見る日と見ない日があるのはどうして？

A 夢を見る日が続くのは、もうすぐ大事な時期がやってくるという意味。かんきょうが変わったり、サプライズ体験が待っていたりするかも！ それが何かを知るために、見た夢の意味を解き明かしておくと、あとで役に立つよ♪

悪い夢ってどんな夢？

食べものがくさっていたり、イヤなニオイをかいだりするのは、よくない夢。自分にシッポやツノが生えるなど、絶対にあり得ないことが起きる夢もよくないとされているよ。また、夢は予言でもあるから、もしイヤな夢をみたら、同じ場面になったときには要注意！

悪い夢をみたときのおまじない

聞いて！ウサギのぬいぐるみ

ウサギのぬいぐるみの耳元で、夢の内容をすべて話してみて。話し終わったらスッキリして、悪い夢をキレイさっぱり忘れられるの！

バク食え バク食え バク食え

バクにお願い★

「バク食え、バク食え、バク食え」と念じて深呼吸をしよう。3セットやれば、夢を食べるという伝説の生きもののバクが来てくれるよ。

幸せな夢をみるおまじない

ハッピーちょうちょ

赤い毛糸で、左手の小指にちょうちょ結びをしてね。ゆっくり深呼吸してねむれば、赤い糸がステキな夢を見せてくれるはず♪

ドキドキ♥ミラー

夜に月をみよう。そこから3日間、まくらの下に鏡を置いてねむってね。好きなカレが夢に出てきて、両思いを体験できるよ♡

天使はいつも見守っている☆

エンジェルうらない

うらない／マーヤラジャ・ディーヴァ

あなたについている天使は3人。あなたを見守る「守護エンジェル」と、進む先を示してくれる「導きのエンジェル」、そしていっしょに泣いたり笑ったりしている「分身エンジェル」がいるよ。3人のエンジェルについて、もっと知りたいと思わない？

あなたを見

頭の上にいる守護エンジェル

つねに頭の上のほうにいてあなたを見守っているエンジェル。あなたに元気がなくなるとパワーをチャージしてくれるよ。

エンジェルの調べ方

あなたの誕生日と名前の中に、エンジェルを表す数字がかくされているよ！
まずは誕生数と名前数を調べよう！

誕生数を知る

1 誕生日の数字をバラバラにして足す。足した数が2ケタになった場合はさらにバラバラにして足す。

例／2011年3月12日生まれの場合

2＋0＋1＋1＋3＋1＋2＝10　　1＋0＝1　誕生数は「1」

※ただし、足して「11」「22」になった場合だけは1ケタにしないでそのまま！

例／2010年9月28日生まれの場合

2＋0＋1＋0＋9＋2＋8＝22　誕生数は「22」。

名前数を知る

1 ローマ字表を見て、名前をローマ字にする。

2 アルファベット表を見て、名前のローマ字を数字に直す。

3 名前の数字を1ケタになるまで足す。足した数が2ケタになった場合はさらにバラバラにして足す。

例／夏目花子さんの場合

なつめはなこ→NATSUMEHANAKO　5 1 2 1 3 4 5 8 1 5 1 2 6

5＋1＋2＋1＋3＋4＋5＋8＋1＋5＋1＋2＋6＝44　4＋4＝8　名前数は「8」。

※ただし、足して「11」「22」になった場合だけは1ケタにしないでそのまま！

例／管 玉緒の場合

かんたまお→KANTAMAO　2＋1＋5＋2＋1＋4＋1＋6＝22　名前数は「22」。

守るエンジェルは3人

目の先にいる
導きのエンジェル

あなたの前にいて、あなたの持つ才能や長所を育て、よきアドバイスをくれるエンジェル。将来の道を示してくれるよ。

胸の中にいる
分身エンジェル

あなたのハートとともにあり、いっしょに成長し、なやみも喜びも分け合う"もうひとりのあなた"と言えるエンジェル。

ローマ字表

あ	A	つ	TSU	も	MO	ざ	ZA	ぶ	PU	ひょ	HYO
い	I	て	TE	や	YA	じ	JI	ぺ	PE	みゃ	MYA
う	U	と	TO	ゆ	YU	ず	ZU	ぽ	PO	みゅ	MYU
え	E	な	NA	よ	YO	ぜ	ZE	きゃ	KYA	みょ	MYO
お	O	に	NI	ら	RA	ぞ	ZO	きゅ	KYU	りゃ	RYA
か	KA	ぬ	NU	り	RI	だ	DA	きょ	KYO	りゅ	RYU
き	KI	ね	NE	る	RU	ぢ	JI	しゃ	SHA	りょ	RYO
く	KU	の	NO	れ	RE	づ	ZU	しゅ	SHU	ぎゃ	GYA
け	KE	は	HA	ろ	RO	で	DE	しょ	SHO	ぎゅ	GYU
こ	KO	ひ	HI	わ	WA	ど	DO	ちゃ	CHA	ぎょ	GYO
さ	SA	ふ	FU	を	O※	ば	BA	ちゅ	CHU	じゃ	JA
し	SHI	へ	HE	ん	N	び	BI	ちょ	CHO	じゅ	JU
す	SU	ほ	HO	が	GA	ぶ	BU	にゃ	NYA	じょ	JO
せ	SE	ま	MA	ぎ	GI	べ	BE	にゅ	NYU	びゃ	BYA
そ	SO	み	MI	ぐ	GU	ぼ	BO	にょ	NYO	びゅ	BYU
た	TA	む	MU	げ	GE	ぱ	PA	ひゃ	HYA	びょ	BYO
ち	CHI	め	ME	ご	GO	ぴ	PI	ひゅ	HYU		

※ローマ字の「を」は「WO」ですが、このうらないでは「O」とします。

アルファベット表

名前のローマ字	AJS	BKT	CLU	DMV	ENW	FOX	GPY	HQZ	IR
数字	1	2	3	4	5	6	7	8	9

守護エンジェルが祝福する
あなたの長所

つねに頭の上から見守り、あなたの性格を作り、長所をのばそうとしてくれているよ。

守護エンジェルは だれ？

誕生数と名前数を1ケタになるまで足した数が、あなたの守護エンジェルを表すよ。エンジェル表1から探し出そう！

エンジェル表1

名前数	導きのエンジェル	名前数	導きのエンジェル
1	ミカエル	7	ザドキエル
2	ガブリエル	8	オファニエル
3	アイオーン	9	レミエル
4	ラファエル	11	アズラエル
5	ウリエル	22	サリエル
6	ラグエル		

例／誕生数は「4」、名前数は「8」の場合

4＋8＝12　→　1＋2＝3　「3」なので、守護エンジェルは「アイオーン」だよ！

※足して「11」「22」になった場合だけは1ケタにしないでそのまま！

誕生数 + 名前数 = 1
ミカエル
Michael

ミカエルは、神が最初に作り上げたエンジェルで、「正義」「公正」「意志」をつかさどる、神の第一の戦士。その名には「神に似たもの」という意味があるの。

ミカエルが守護するあなたは…

ミカエルが守護するあなたは、明るく元気でほこり高い性格。意見がハッキリしていて、リーダー的な気質を持ち、めんどう見がいいので人気があるよ。人を引っぱっていけるので、待っているよりも思い切って行動を起こしたほうがチャンスをつかみやすいの。ミカエルの守護パワーは、あなたの中にある「正義感」「積極性」を強めているはず。何事に対してもまっすぐで、強い意志を持って進めるよう、つねに見守ってくれているよ！

誕生数 + 名前数 = 2

ガブリエル
Gabriel

ガブリエルは、天界でおもに人間の世話をする仕事をしていて、「伝達」「コミュニケーション」をつかさどるよ。その名には「神の英雄」という意味があるの。

ガブリエルが守護するあなたは…

あなたはデリケートで感受性が強く、静かで平和的。母性的なやさしさで人々を温かくむかえ入れる人だよ。気配り上手で、人をまとめる力もあるはず。想像力が豊かなので自分の世界を広げていくのも得意！　目立たないけれど、着実にマイペースで実力を身につけるよ。ガブリエルの守護パワーは、あなたの中にある「コミュニケーション力」を強めているはず。どんなときでも人と協力して、スムーズに進んでいけるように見守ってくれているよ。

誕生数 + 名前数 = 3

アイオーン
Aion

アイオーンは、ライオンの頭を持ち、ヘビをおともに、「時」と「流れ」をつかさどるよ。彼の身体にまとわりつくヘビは不老不死のシンボルとされているの。

アイオーンが守護するあなたは…

あなたはりりしく、潔いタイプ。新しいものを作り出すエネルギーにあふれ、活発で個性的だよ！　動き回りながら新しい可能性を見つけ出し、どんなときにも希望を捨てない人。前向きで社交的で、人との出会いでさまざまな経験を積み、成長していくはず。アイオーンの守護パワーは、あなたの中にある「行動力」を強めているよ。何事もおそれずにチャレンジし、その瞬間を充実させていけるように見守ってくれているの。

Part 7

エンジェルうらない

149

誕生数 + 名前数 = 4

ラファエル
Raphael

ラファエルは、人々を健やかにし、さらに神の心をもおだやかにする「いやし」「育成」をつかさどるよ。その名には「神のクスリ」という意味があるの。

ラファエルが守護するあなたは…

あなたはおだやかで、安定しているタイプ。何事に対しても努力で応えていくねばり強さを持っているよ。冷静でしんちょうな面もあり、ルールやマナーを大切に守って行動するので周囲からの信用はばつぐん！ラファエルの守護パワーは、あなたの中にある「成長しようとする心」「向上心」を強めているはず。どんな困難にも立ち向かい、仲間といっしょに成長していけるように見守ってくれているの。

誕生数 + 名前数 = 5

ウリエル
Uriel

ウリエルは、本と羽根ペンを持つ、予言と解説のエンジェル。「光」「インスピレーション」をつかさどっていて、その名には「神の光」という意味があるの。

ウリエルが守護するあなたは…

好奇心おうせいで、流行にビンカンなあなたは興味を持つとすぐ動き出すタイプ。好ききらいははげしいけど、あっさりした性格だよ。ピュアなたましいを持ち、アートの面ですぐどいセンスをハッキするはず。直感にすぐれ、ピンチをチャンスに変える力も。ウリエルの守護パワーは、あなたの中にある「ひらめき」「アイデア力」を強めているはず。どんなときも自分を信じ、独立していけるように見守ってくれているの。

誕生数 + 名前数 = 6

ラグエル
Raguel

ラグエルは、嵐の袋を持つエンジェル。天界で仲間をまとめていて、「友好」「仲間意識」をつかさどるよ。その名には「神の友人」という意味があるの。

ラグエルが守護するあなたは…

にぎやかなイメージだけど内面はおだやか。生まれ持ったセンスのよさから美しいものを好み、本物を見分ける人。人への思いやりが深く、つねに相手の気持ちをゆう先して行動するよ。愛情豊かで、サービス精神もおうせいなの

で、知らず知らず人につくしていることも。ラグエルの守護パワーは、あなたの中にある「人々とのつながり」「協調性」を強めているはず。どんなときでも仲間を得られるように見守ってくれているの。

誕生数 + 名前数 = 7

ザドキエル
Zadkiel

ザドキエルは、手に「ぎせいのナイフ」を持ち、息子を神のいけにえにささげようとしたアブラハムを止めたエンジェル。「ほうしの精神」をつかさどるよ。

ザドキエルが守護するあなたは…

頭がよくてひかえめだけど、相手を楽しませる社交性も持っているよ。ただ深くつき合うのはなっとくできた少数の人だけ。理性的で観察力があり、物事を研究するのが得意！　カンペキさや理想を追い求めるあまり、1人で熱

中して閉じこもりがちなところも。ザドキエルの守護パワーは、あなたの中にある「人への親切」「きびしさ」を強めているはず。どんなときもけじめのあるおつき合いが保てるように見守ってくれているの。

誕生数 + 名前数 = 8

オファニエル
Ofaniel

オファニエルは、4つの顔を持ち、手にはウシ、ライオン、ワシが。「変化」「個性」をつかさどるエンジェルで、変化に対するおそれと希望を表すの。

オファニエルが守護するあなたは…

個性が強く負けずぎらい。がんばりやで情熱あふれる人だよ。おとなしく見えても胸の中では熱くファイトを燃やしているはず。ちゅうとハンパがきらいで、努力をおしまない自信家。つねにいそがしくして、嵐を巻き起こし

ているかも!? オファニエルの守護パワーは、あなたの中にある「じゅうなん性」「力強い活動」を強めているはず。困難さえパワーに変えて、状況や環境を動かしていけるように見守ってくれているの。

誕生数 + 名前数 = 9

レミエル
Ramiel

レミエルは、エンジェルでありながら「正しさとは何だろう」となやみ、考え、「疑問」「ウラとオモテ」をつかさどっているよ。その名には「神の慈悲」という意味が。

レミエルが守護するあなたは…

複雑でひと言では表せない性格の持ち主。やさしさとクールさ、強さと弱さ、明るさと暗さなど正反対の気持ちがいつも心の中でグルグルとうずまいているの。物事を深く考えた上で自分の意見を持ち、主張していく人。強そ

うだけどデリケートなのも確か。レミエルの守護パワーは、あなたの中にある「バランス」「判断力」を強めているはず。どんなときも物事をウラとオモテの両面から見て、正しく判断できるように見守ってくれているの。

アズラエル

誕生数＋名前数＝11

Azrael

アズラエルは、手にかまを持ち、天界と地獄を行き来するエンジェル。「死」「再生」「裁判」をつかさどり、神の定めた死者を40日かけてむかえにいくの。

アズラエルが守護するあなたは…

おとなしいほうだけれど、感受性はするどく、希望や理想をかなえようと決めたら、まわりが何と言おうとゆるがず、強い意志でつき進むタフなところがあるよ！ つねに新しいもの、未知のもの、不思議なものにちょうせんする姿はミステリアス。アズラエルの守護パワーは、あなたの中にある「観察力」を強めているはず。どんなときでも目標を持ったら、しっかり見つめてまっすぐ進んでいけるように見守ってくれているの。

サリエル

誕生数＋名前数＝22

Sariel

サリエルは、歯車を手に持って、神の法を守らないエンジェルを裁く役目を果たし、「決断」「勇気」をつかさどっているよ。その名には「神の命令」という意味があるの。

サリエルが守護するあなたは…

あなたには多くの人をひきつけるカリスマ性があるみたい。他の人にはない目立つ個性を持ち、ときにダイタンな行動でまわりの人を引っぱっていくよ！ 他人の言葉にふり回されない判断力にすぐれた人。現実を見て、地道な努力を重ねるきちょうめんさも。サリエルの守護パワーは、あなたの中にある「正確さ」「決断力」を強めているはず。どんなときでも状況をよく見て、確実に一歩一歩進めるように見守ってくれているの。

Part 7 エンジェルうらない

153

導きのエンジェルが与える
あなたの才能とアドバイス

つねに前を指し示し、あなたの才能を引き出し、メッセージを告げているよ。

導きのエンジェルは だれ？

p146で出した名前数の数字がそのまま、導くエンジェルを示しているよ。p148の**エンジェル表1**から探し出そう！

守護、導き、分身が同じエンジェルになる人もいるよ。それはそのエンジェルから強く愛されて倍のパワーをもらっているということだよ。

シジル

天使のサイン。書き写せばその天使が力を貸してくれるよ！

名前数＝1

ミカエル
Michael

ミカエルは、あなたに「意志」「公正」の大切さを教えるエンジェル。あなたが強い意志を持ち、公正さとともに何事にもまっすぐ立ち向かえるように力を貸してくれるの。あなたに与えられた才能は、目標を定めて力強く進むリーダーの気質。どんな場所でも堂々とふるまって、まわりに助けられながら進んでいけるはず。

ミカエルのメッセージ

あなたが才能をハッキするために気をつける点をアドバイス！

みんなにチヤホヤされたとしても自分勝手はダメ。公正な態度を心がけて、どんなに小さな声にも耳をかたむける親切心を忘れなければ、だれもがサポートしてくれます。

名前数＝2
ガブリエル
Gabriel

ガブリエルは、あなたに「伝達」「コミュニケーション」の大切さを教えるエンジェル。あなたがみんなとの会話を大事にし、つながりを作っていけるように力を貸してくれるの。あなたに与えられた才能は、みんなの話をまとめたり、トラブルを解決したりできる力。人と人を結びながらバランスよく場を盛り上げていけるはず。

名前数＝3
アイオーン
Aion

アイオーンは、あなたに「全体の流れ」「タイミング」を見定めることの大切さを教えるエンジェル。あなたがまわりの状況を見て流れをコントロールしていけるように力を貸してくれるの。あなたに与えられた才能は、時代の波をキャッチしてチャンスを生かし、新しい可能性を見つけていく力。未知へのちょうせんができるはず。

名前数＝4
ラファエル
Raguel

ラファエルは、あなたに「向上心」「成長」の大切さを教えるエンジェル。あなたが人のやさしさやがんばる姿にふれて、自分も成長していけるように力を貸してくれるの。あなたに与えられた才能は、心のキズをいやし、生きるための知恵を身につけていく力。また自分だけでなく人を生かし、育て、なぐさめ、はげましていけるはず。

あなたが才能をハッキするために気をつける点をアドバイス！

親切心があなたの長所ですが、やりすぎるとおせっかいになってしまうことも。相手があまえんぼうにならないように、ときにはきびしく、手を出さずに見守る強さも大切です。

名前数＝5
ウリエル
Uriel

ウリエルは、あなたに「先を見る力」「直感」の大切さを教えるエンジェル。あなたが状況を読んで、よい道を選び取り、新しい世界を開いていけるように力を貸してくれるの。あなたに与えられた才能は、ひらめきを生かした芸術的なセンスや正しいものを見きわめる目。まわりの人にフレッシュなシゲキを与えていけるはず。

あなたが才能をハッキするために気をつける点をアドバイス！

あせらないこと。まわりが気になって人の意見ばかり聞いてしまうと失敗することもあります。落ち着いて、あなたの直感を信じて行動するようにしましょう。

ラグエル

名前数＝6

Raguel

ラグエルは、あなたに「チームワーク」の大切さを教えるエンジェル。あなたが多くの人に助けられ、さまざまなヒントをもらい、温かいぬくもりを感じられるように力を貸してくれるの。あなたに与えられた才能は、友情を築き、友だちの輪を広げていく力。そして信らいし合う仲間と協力すれば、どんな物事にも立ち向かえるはず。

ラグエルのメッセージ

あなたが才能をハッキするために気をつける点をアドバイス！

同じ人とだけつき合うようになると、ついおたがいを甘やかしてしまいがち。どんなに親しくても正しい行いを忘れないように気を引きしめましょう。

ザドキエル

名前数＝7

Zadkiel

ザドキエルは、あなたに「人のためにつくす心」の大切さを教えるエンジェル。あなたが見返りを求めずに、人に手を差し出せるように力を貸してくれるの。あなたに与えられた才能は、どんな人にもやさしく接し、手助けし、弱い人を守っていく力。ともに生きていけるようにさまざまなサポートをおしまない愛の力を持っているはず。

ザドキエルのメッセージ

あなたが才能をハッキするために気をつける点をアドバイス！

弱い人をほうっておけないあなたは、相手がトラブルに巻きこまれないように、親切心からお説教したくなることも。つい強い調子でしかりそうになったら、グッとこらえて。

名前数=8

オファニエル
Ofaniel

オファニエルは、あなたに「頭のやわらかさ」「広い心」の大切さを教えるエンジェル。あなたが状況に合わせて自分を変え、こだわりを捨てて行動できるように力を貸してくれるの。あなたに与えられた才能は、周囲の変化をビンカンに感じ取って、すばやく対応を変えられる力。まわりの人を導いて時代の波に乗っていけるはず。

オファニエルのメッセージ

あなたが才能をハッキするために気をつける点をアドバイス！

軽やかに自分を変えられるところが長所ですが、まわりの人はなかなか変化できません。みんなを置いてけぼりにしないよう、おおらかな気持ちで合わせてあげることも大事です。

名前数=9

レミエル
Ramiel

レミエルは、あなたに「判断力」の大切さを教えるエンジェル。あなたが人にふり回されずに自分の目で見て確認し、反対の意見も聞いてよく考えて、自分の意見を持てるように力を貸してくれるの。あなたに与えられた才能は、物事をいろんな角度から見て、かくされた面を引き出す力。じっくり物事を調べることに、活用して。

レミエルのメッセージ

あなたが才能をハッキするために気をつける点をアドバイス！

いろいろな面から物事を見て判断するのが長所ですが、あまりにも情報が多いと迷ってしまうことも。ときにはしんちょうさを捨て、直感で行動してもかまいません。

名前数（なまえすう）= 11

アズラエル
Azrael

アズラエルは、あなたに「正解」「真実」の大切さを教えるエンジェル。あなたがよく観察し、物事を正しい方向に導いていけるように力を貸してくれるの。あなたに与えられた才能は、なやんでいるときやトラブルが起きたときに、正しい判断を下せる力。物事を進めたほうがいいのか、ストップしたほうがいいのかも、わかるはず。

あなたが才能をハッキするために気をつける点をアドバイス！

よき判断を下していこうとするあまり、きびしくなりすぎるかもしれません。細かいことは気にせず、ときにはおおらかに、人の気持ちのほうをゆう先してあげましょう。

Part 7

エンジェルうらない

名前数（なまえすう）= 22

サリエル
Sariel

サリエルは、あなたに「確実」「勇気」の大切さを教えるエンジェル。あなたが勇気を持って確実に歩んでいけるように力を貸してくれるの。あなたに与えられた才能は、自信を持って多くの困難に向かい、着実に前へ前へと進んでいく力。基本をおろそかにしないあなたは、必ずステップアップしていけるはず。

あなたが才能をハッキするために気をつける点をアドバイス！

ねばり強い努力ができるうえに勇気を持って行動するあなたは、無理をしがち。すべてをうまくやろうとする必要はありません。あせらないこと。力をぬきましょう。

分身エンジェルが与える
あなたのときめく恋

あなたの中で、いつも胸のドキドキを聞いているから、何でもお見通し♡

分身エンジェルはだれ？

誕生日の日にちが分身エンジェルを示しているよ。**エンジェル表2**から探し出そう！

例／9月28日生まれの場合
日にちは「28」だから、分身エンジェルは「アンビエル」。

エンジェル表2

誕生日	分身エンジェル	誕生日	分身エンジェル	誕生日	分身エンジェル
1	ミカエル	11	アズラエル	21	ジャオエル
2	ガブリエル	12	ファヌエル	22	サリエル
3	アイオーン	13	イリューシエル	23	ジョエル
4	ラファエル	14	シャムシエル	24	ラミエル
5	ウリエル	15	シャルギエル	25	ナサギエル
6	ラグエル	16	ザミエル	26	ザフィエル
7	ザドキエル	17	コカビエル	27	ルヒエル
8	オファニエル	18	レリエル	28	アンビエル
9	レミエル	19	ラジエル	29	ラティエル
10	マルティエル	20	バルディエル	30	スイエル
				31	ジョフィエル

誕生日が 1日 正義の天使 ミカエル

あなたはチャレンジ精神おうせいで多くの愛を求めるタイプ。フレッシュなシゲキを求め、パートナーを探し、本当の恋を追うよ。

誕生日が 2日 伝達の天使 ガブリエル

あなたは理想と現実の2つの恋を追い、迷うことも。そして、現実の相手が自分の理想に近づくように導いていくみたい。

誕生日が 3日 時代の天使 アイオーン

あなたはタフな夢追い人。自分の願いを思いえがき、たとえ困難があってもあきらめないよ。恋でも無理を通してつき進む人。

誕生日が 4日 いやしの天使 ラファエル

あなたははなやかな愛を求める情熱家。ひたすら成功を夢見て、強い意志でアプローチしていくでしょう。モテる人なのは確か。

誕生日が 5日 — 光の天使 ウリエル

あなたは自由気ままにおっとりと愛を受け止める人。シット心やしつこさをきらうので、軽やかな恋を数多く経験するよ♡

誕生日が 6日 — 友好の天使 ラグエル

あなたの恋はまわりの人に助けられて成功するスタイル。一生けん命がんばるほどサポーターにめぐまれて、協力が得られるよ。

誕生日が 7日 — ほうしの天使 ザドキエル

あなたの愛は相手につくし与える形になるみたい。それはまるで豊かな大地の母が生きものを守り育むような恋。しんぼう強い愛だよ。

誕生日が 8日 — 個性の天使 オファニエル

あなたは型にハマらない、自由な旅人タイプ。おたがいが対等でいられる、友だち同士のような恋をし、人生のパートナーを選ぶよ。

誕生日が 9日 — 光と影の天使 レミエル

あなたは用心深い作戦家。情熱をかたむけられる恋を見つけても、将来を考え、しんちょうに判断してからアプローチするタイプ。

誕生日が 10日 — 雨の天使 マルティエル

めぐみの雨をつかさどる天使に守護されるあなたは、愛だけでなく富にもめぐまれる人。はなやかな恋をし、豊かさもつかんじゃう。

誕生日が 11日 — 生命の天使 アズラエル

あなたは命をかけるほどひたむきに努力できる人。愛を見つけるといちずになり、その心に正直に、まっすぐぶつかっていくタイプ。

夢の天使
12日 ファヌエル

夢をつかさどる天使に守護されるあなたは、理想を追うチャレンジャー。成功も失敗も経験して乗りこえ、理想の愛を追い求めるよ。

勇気の天使
13日 イリューシエル

勇気をつかさどる天使に守護されるあなたは、思い切りのよいさっぱりタイプ。真剣な恋をし、全力で相手を守るタイプだよ。

太陽の天使
14日 シャムシエル

太陽をつかさどる栄光の天使に守護されるあなたの恋は、直感勝負。カンがするどく、ひらめきを信じて進み、後もどりをしないよ。

雪の天使
15日 シャルギエル

雪をつかさどるピュアな天使に守護されるあなたは、周囲の気持ちや友情を大切にする人。恋人ともベタベタせず、節度ある交際に。

台風の天使
16日 ザミエル

台風をつかさどる天使に守護されるあなたは、さまざまな愛を追う冒険家。新しい出会いを求めて多くの恋を経験するみたい。

星の天使
17日 コカビエル

天空の星をつかさどる天使に守護されるあなたは、ドラマティックなヒロインタイプ。困難な相手ほど燃えてしまうみたい！

夜の天使
18日 レリエル

夜と安らぎをつかさどる天使に守護されるあなたは、1人の人を思い続ける、いちずな人。相手を安心させられるように気配りするよ。

162

誕生日が 19日 　幸福の天使　ラジエル

幸福と喜びをつかさどる天使に守護されるあなたは、おだやかで笑顔がたえない恋人。どんなときも協力し合える関係を築くよ。

誕生日が 20日 　戦いの天使　バルディエル

戦いと光をつかさどる天使に守護されるあなたは、ほこりを大切にする人。プライドがキズつかないよう、つくされる愛を好むみたい。

誕生日が 21日 　ハーモニーの天使　ジャオエル

生命をつなぐハーモニーをつかさどる天使に守護されるあなたは、生み出し、与える、愛の持ち主。同じ志を持つ相手を求めるよ。

誕生日が 22日 　決断の天使　サリエル

決断の意志をつかさどる天使に守護されるあなたは、すべてを育てる母性豊かなタイプ。力や手間をおしまず、思いをささげる人。

誕生日が 23日 　名前の天使　ジョエル

生命すべてに名前を与えた天使に守護されるあなたは、やさしくロマンティックな恋をするよ。おとぎ話のヒロインタイプと言えそう。

誕生日が 24日 　かみなりの天使　ラミエル

かみなりをつかさどる天使に守護されるあなたは、速い展開の恋をするよ。すぐに燃え上がるけど、冷めるのも早いタイプみたい。

誕生日が 25日　人生の天使　ナサギエル

人生をつかさどる天使に守護されるあなたは、困難に立ち向かう勇者みたい。障害が大きければ大きいほど燃えて、追いかけるよ。

誕生日が 26日　にわか雨の天使　ザフィエル

にわか雨をつかさどる天使に守護されるあなたの恋は、自由さと真剣さの極端な2面が。まじめな恋を求めるけどソクバクはニガテ。

誕生日が 27日　言葉の天使　ルヒエル

風と言葉をつかさどる天使に守護されるあなたは、コミュニケーション重視。多くの会話を重ねて理解し、恋を育てていくはず。

誕生日が 28日　動物の天使　アンピエル

動物をつかさどる天使に守護されるあなたは、きびしさとやさしさを持つよ。本能で相手を見つけだし、成長し続けるタイプ。

誕生日が 29日　星座の天使　ラティエル

星をつないだ星座をつかさどる天使に守護されるあなたは、多くの愛の形を学ぶ情熱家。さまざまな恋を見つけ、つねに研究するよ。

誕生日が 30日　大地の天使　スイエル

パワーをつかさどる大地の天使に守護されるあなたは、ジッと動かずに定めを待つ人。軽い恋はせず、運命的な出会いを求めているよ。

誕生日が 31日　美の天使　ジョフィエル

美しさをつかさどる天使に守護されるあなたは、個性的な世界の女王。ルールをきらう自由人だよ。まわりがあこがれる恋をしそう。

2コのサイコロが答えてくれる！

ロマの
ツインダイス
うらない

うらない／マーク・矢崎治信

ダイスはサイコロを指す英語だよ。ここでしょうかいするのは、世界中を旅して回っていた、さすらいの民俗ロマが使っていた2コのサイコロうらない。不思議とよく当たると評判だったこの伝統的なうらないで、恋や友だちとの未来をのぞいてみよう。

自然とともに生きるロマ

ヒツジやウマを追って遠く旅する移動型民俗が、ロマ。昔はジプシーとよばれていた人たちだよ。インドから広い中央アジアの草原をこえ、エジプトからヨーロッパへわたって生活するロマは、自由でミステリアスな旅人。ロマは国にこだわらず、気に入った土地でウマを育てたり、生活道具を作って売ったりしてくらしたの。

ロマの強みはうらない

ロマの最大の特性とも言えるのがうらない。夜の星空を見上げて、手作りのカードをめくり、ヒツジの骨で作ったダイスを投げて、明日はどんな1日になるかをうらなったの。ロマのうらないはよく当たると評判で、恋人たちはもちろん、貴族や王様までさまざまなお客さんが、毎夜ロマのテントを訪れたんだって。

ロマが使う2色のダイス

うらないでは、1〜6の目を赤くぬったものと、青くぬったものの、2コで1セットのダイスを使うよ。ロマの言い伝えでは、赤は動脈、青は静脈を表しているのだそう。

ツインダイスを作ろう

用意するもの
- ●ダイス（サイコロ）2コ
- ●アクリル絵の具の赤・青
- ●細い筆

作り方
ダイスの目（1〜6の点）を、1コのほうは赤く、もう1コのほうは青でぬる。

気になる相手との運命は？

2人の相性うらない

ロマのむすめは、だれかステキな人と出会うと、相手と自分との愛情のバランスを計るためにうらなったよ。

うらない方

右手に青いダイス、左の手に赤いダイスをにぎって、左右のダイスをぶつけるように投げます。投げるところは、平らなところなら机でもゆかでもどこでもOK。

診断

赤いダイスはあなたの気持ち。青いダイスは相手の気持ち。ダイスの目の数が大きいほど愛情が強く、2コのダイスの目の差が少ないほど、2人の相性がいいことを示すよ！

2人の相性はピッタリ！息が合うので、相手もすっかりその気に。両思いのはずだよ♥

2人の相性はとてもいいほうだよ。あなたより相手の気持ちのほうが高まっているみたい。

2人の相性はまあまあというところ。相手があなたに夢中になって、追われる恋になるみたい。

2人の相性はふつうかも。相手のあなたへの気持ちが強くてちょっと引きぎみ。勇気を持って！

2人の相性はやや注意が必要。あなたは次第に相手への興味をなくしそう。短所よりも長所を見てね。

2人の相性はきびしいかも。相手の愛が強くてビックリ！　一対一よりグループで遊ぼう。

2人の相性はまずまず。あなたの得意なことを相手に示していけば、必ず両思いに♥

2人の相性はベスト！おたがいに意識し始めるのも時間の問題♥　このまま両思いへGO！

2人の相性はいいほうだよ。相手のほうが先に行動を起こしそう。両思いの日も近いはず！

2人の相性はのんびりムード。少しせっかちな相手だけど、恋は少しずつ進展しそう。

2人はまだアンバランス。相手があなたに夢中なので、何かと声がかかりそう。話を聞いてあげて。

2人の相性はまあまあ。あなたのほうが積極的だけど、相手をソクバクしないようにね。

2人の相性はバッチリ♥すでに恋の入り口に立つ2人。順調に両思いに発展するよ！

2人の相性はもうすぐいい感じになりそう。勇気が出ない相手をやさしくリードしてあげて。

2人の相性はまだ平行線。あなたが夢中になりすぎると、相手に引かれちゃうので注意してね。

2人の相性はもっとよくなるよ。相手にやさしい態度で接すると、恋が一歩進展するかも。

2人の相性はやや注意。相手が積極的にグイグイくるけれど、あなたはあせらずマイペースで。

2人の相性はいい感じ。あなたのミリョクを相手に示すほど、恋は発展していくはず♥

2人の相性は可能性に満ちているよ！ 相手はもうあなたに恋を意識しているはず♥

2人の相性はまだふつう。恋を意識する相手にリードされてキョリが縮まっていくみたい。

2人の相性はまだこれから。相手をとまどわせないように、そっとひかえめに見守る姿勢が◎。

2人はバッチリ相性のはず！ たとえ今は友だち同士だとしても将来は必ず両思いに♥

2人の恋の可能性は大だよ♡　相手のいいところをほめてあげると、もっと仲良くなれそう♪

2人の相性は上昇中。どちらかというと相手のほうがあなたを意識しているみたい。

2人の相性はやや注意。あなたの気持ちがあふれそう。相手にゴーインにおしつけないようにね。

2人はまだふつうの相性。あせらずに、もう少し時間をかけて相手を知る努力が必要かも。

2人はこれから上がる相性だよ。さわやかなフンイキで相手にさりげなく話しかけてみて。

2人の相性はいい感じみたい。あいさつなど声かけを増やすことで、仲が急接近しそう♥

2人の相性はピッタリ♡時間はかかるけど、友だち→親友→恋人とステップアップしていくよ！

2人の相性はいいほうだよ。あなたからもっと積極的に行動したほうが進展しそう。

2人の相性は注意信号。あなたの熱い視線に相手はとまどっているみたい。少し冷静になると◎。

2人の相性はややキケン。相手にゴカイされているかも。一度キョリを置くほうがうまくいくよ。

2人の相性はまだふつう。あなたの得意分野で相手をサポートすると、それが恋のきっかけに。

2人の相性はいい感じだよ！　相手の前では、明るくさわやかなイメージを心がけてね♪

2人の相性には希望があるよ♡　小さなきっかけをのがさず、思い切って話しかけてみるのが◎。

2人の相性はベストだよ。まだ友だちになる前だけどキョリは少しずつ縮まっていくはず！

ロマのむすめたちのとっておき♡
恋の行方うらない

ロマのむすめは恋のきっかけをつかむと
2人の恋がどう発展するかをうらなったよ。

うらない方　2コのダイスを両手で包み、目を閉じて相手のことを思いうかべながら、ダイスごと手をふります。そっと両手を開き、ダイスをその場で落としてから目を開いてみて。

診断　赤いダイスはあなたの未来の気持ち、青いダイスは相手の未来の気持ち。2コのダイスの合計は2人の恋の行方を表すよ。

赤いダイス［あなたの未来の気持ち］

 順調な状態をキープしているよ。今の愛情が未来まで続いているはず。

 時間が経てば経つほどあなたの愛情は強くはげしくなっていきそう。

 心変わりがあるかも。でも心のどこかではまだ相手を好きでいるよ。

 今よりも夢中じゃないかも。別の相手に気持ちがかたむいていそう。

 熱い気持ちはもう落ち着いているみたい。少しずつ冷静な状態に。

 今とはちがったかたちで、相手との関係を新しく築いているかも。

青いダイス［相手の未来の気持ち］

 相手の愛情はいつまでも、今と同じままで続いているはず。

 相手は時間が経つほどますます愛情が深くなっていくみたい。

 相手の気持ちは変わりそう。でもあなたのことは忘れていないよ。

 すっかり変わっている相手。別の人を好きになっているのかも……。

 相手の興味はまったく別のところに移っているよ。気まぐれみたい。

 愛情は消えていないよ。でも今とはちがうかたちで、友だちに近いかも。

2コのダイスの目の合計《恋の行方》

□+□= 2

2人の気持ちは高まっていく可能性はあるけれど、まわりが理解してくれないよ。反対されたり、ジャマされたりするかも。

□+□= 3

2人の恋はハイスピードで発展するよ。勢いに乗って、どちらもブレーキをかけないから、すごくラブラブなカップルに！

□+□= 4

2人とも素直になれずにギクシャク。どちらも、もっと自分の気持ちを正直に伝えられれば、恋はあっという間に実るはず。

□+□= 5

思いがけないトラブルやライバルが現れたりもするけれど、障害が多ければ多いほど、熱く燃えてしまう2人みたい♥

□+□= 6

2人の恋はもうすぐゴールする運命にあるよ！ 幸せのまっただ中にあるみたい。やがてみんなに祝福されて結婚するはず♪

□+□= 7

おたがいに夢中になってまわりを見ないでいると、2人の恋はとちゅうで大きなカベにぶつかりそう。のめりこむのはキケン。

□+□= 8

2人の未来には残念ながら大きなトラブルが待っているかも。おたがいを思いやるあまり、すっかりつかれて恋心がダウン。

□+□= 9

おたがいに恋の情熱が冷めてきて、だんだんキョリが開いてくるかも。どちらももっと大切なものを見つけるみたい。

□+□= 10

強力なライバルの登場で2人の仲は大ピンチの予感！ 決断をせまられ、おたがいをかばって恋が終わりになる可能性があるよ。

□+□= 11

身近な人間関係の中にこの恋をジャマする人が現れるかもしれないよ。2人は恋心を残しつつ、一度はあきらめるかも。

□+□= 12

大きな試練に見舞われそう。2人の愛が試されることになるかも。強い意志と固いキズナでそのカベを乗りこえて！

Part 8 ロマのツインダイスらない

ペアを組む相手とはうまくいく？

相手のホンネうらない

ロマは、ペアを組んで何かをするとき、まず相手の自分に対する気持ちを確かめるためにうらなったよ。ペアは友だちやクラスメイトなど、だれでも！

うらない方

2コのダイスを両手で包み、ペアを組む相手の名前をとなえながらよくふって。そしてそっと両手を開き、ダイスを場に落としてから、目を開いてみて。

診断

青いダイスは相手の過去の気持ち、赤いダイスは現在の相手のホンネだよ。2コのダイスの合計が、これからの2人の関係を表しているよ。

青いダイス【過去の相手の気持ち】

- **1** 出会ったときから今まで、ずーっといい関係だったという印象を持っているよ。

- **2** 相手はあなたがニガテだったけど、最近あなたのよさをわかってきたみたい。

- **3** あなたのことは気にしていなかったから、ゴカイもあるかも。すべてはこれから！

- **4** あなたと他の友だちと、どちらをゆう先するかで迷ったことがあったみたい。

- **5** あなたのことは顔見知りくらいに思っていたので、仲良くなるのはこれから。

- **6** ライバルとかケンカ相手とか、何かを張り合う関係だと思っていたみたい。

赤いダイス【現在の相手の気持ち】

- **1** これまでと変わらない気持ちをあなたに持っているよ。信らいしているはず。

- **2** あなたとのつき合いをもっと増やしたいと思っていて、仲良くなりたいみたい。

- **3** あなたに対してゴカイがあるみたい。不満や不安をとりのぞく努力をしよう！

- **4** あなたよりも気になる友だちが他にいるかも。今の気持ちはそちら向きだよ。

- **5** 相手はあなたをうまく利用できる子だと思っているみたい。しんちょうにね！

- **6** 相手はあなたと仲良くなるために、いろいろ計画しているところみたい！

2コのダイスの目の合計【未来の2人】

＋＝ **2**

2人の間の信らいは強まるけれど、その友情にシットしてこわそうとする人が現れるみたい。十分に気をつけて！

＋＝ **3**

2人のキズナはいつまでも変わらないまま続いていきそう。大人になっても親友づき合いができそうな仲良しペアだよ！

＋＝ **4**

2人の間にはエンリョが残ったままかも。おたがいに思っていることを話してしまえば、友情は長続きするはず。

＋＝ **5**

将来進む道がちがったりして、どちらかが遠くの地域へはなれてしまう可能性あり。それでも信らい関係は変わらないよ！

＋＝ **6**

2人が大人になって、どちらかが結婚しても、いつまでも友だち関係を続けていくほど、強いキズナを結んでいるよ。

＋＝ **7**

同じ人を好きになったり、友情よりも恋をゆう先したりして、友だち関係にビミョーなヒビが入るキケンがあるよ。

＋＝ **8**

2人の間に大きめのアクシデントが起きそう。ほうっておくと友情は自然に消えてしまうので、よく話し合うこと。

＋＝ **9**

クラスが変わったり、進む学校がちがったりすると、少しずつキョリができるかも。そのたびに新しい関係を作れる2人。

＋＝ **10**

おたがいに興味の方向が変わってきて、シュミや勉強の仲間も変わるみたい。どちらも世界を広げて成長していくよ。

＋＝ **11**

2人をうら切る人が現れるかも。うわさ話や悪口に気をつけて、いやな話は信用しないようにするほうがよさそう。

＋＝ **12**

相手をどれだけ信らいしているか、2人のキズナを試すようなトラブルが起きるかも。この試練を2人で乗りこえよう！

Part **8**
ロマのツインダイス・うらない

My Life

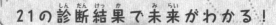

ロマの予言うらない

ロマが何か行動を起こそうとしたときに、結果を予想する
うらないだよ。同じ質問は1日に1回だけがルール！

うらない方

このうらないでは、パワーを集中する「うらないの場」が
大事なの。下の絵を使ってね！

1. 願いごとを心に思いうかべながら、手のひらで2コのダイスをよくふる。
2. 下の絵の上にダイスを落として。ダイスが絵から飛び出してもOK。
3. 出た目の組み合わせで答えを判断するよ。ダイスの目の色は関係なし！
   知りたい運の答えを探ってみよう。

ラブ運 [この恋はどうなる？]

- 相手もあなたと同じ未来を考えているよ♡
- 相手の気持ちはまだハッキリしないみたい。
- あなたの積極的なアプローチでハッピーに。
- 相手は迷っているみたい。すぐに行動を！
- 相手は好意的だけれど、うわきのキケンも。
- あなたの思う相手には何かヒミツがあるよ。
- あなたより相手のほうが積極的みたいだよ。
- 恋に関心がうすい相手。時期を待つのが◎。
- ２週間以内に相手の心をとらえれば幸運♥
- 相手は気が弱いかも。あなたがリードして。
- 少し頭を冷やそう。しつこいとソンするよ。

- あなたが望む恋と相手の理想はちがうかも。
- 複数から好かれそう。ゴカイに気をつけて。
- 相手はあなた以上にあなたを思っているよ。
- あなたが思うほど相手は思っていないかも。
- 相手はあなたより他の子が気になるみたい。
- さりげないスキンシップが成功のカギに。
- 落ち着きすぎてマンネリかも。シゲキを！
- いつの間にかキョリがあるよ。会話が大事。
- あなたの短所が気になるみたい。油断禁物。
- 今のままで終わるかも。気配りがカギだよ。

友情運 [この人間関係はどうなる？]

- 素直な気持ちで向き合えばうまくいくよ。
- いい友だちだけどコミュニケーション不足。
- あなたが行動すれば、相手も動き出すはず。
- 不信感がありそう。ゴカイされないように。
- あなたを悪く言う人が現れそう。無視して。
- 気をつけて！ 相手のうら切りがありそう。
- 相手に合わせることがうまくいくヒケツに。
- 相手の興味は別のところにありそうだよ。
- ささいなことで、ねたまれるかも。注意して。
- すれちがいをほうっておくと別れることに。
- 相手は少し不満かも。気配りを忘れないで。

- 相手にはあなたの他にもゆう先することが。
- 友情の三角関係になやまされるかも。
- あなたは相手のことをゴカイしているかも。
- さびしがらせているかも。約束を確認して。
- 気を使いすぎ。ケンカもたまには必要だよ！
- おたがいにピリピリ。思いこみはキケン！
- 相手がはなれていくかも。急いで対応を。
- せっかくの親切が逆効果になる暗示あり。
- 対抗心がめばえそう。意識しすぎないで！
- おたがいにあまえてたよりすぎているかも。

勉強運 [成績やテストはどうなる？]

- カンがさえているとき。自分を信じて◎。
- 努力次第で才能が花開くときだよ！
- がんばった分だけ、効果が上がるよ♪
- 気が散りやすいとき。集中力を高めて！
- あまいユーワクにドキッ。気持ちを強く！
- ゆだんしていると失敗する危険があるよ。
- マジメな努力でよい成績につながるはず。
- 気が散って集中できないので気分転かんを。
- 勉強法や環境を変えると成績アップに！
- 成績ダウンの予感。気持ちを引きしめて！
- かんちがいでミスの予感。しんちょうに。

- 何かカンちがいをしている予感があるよ。
- あせらず、コツコツと基本を確認して。
- 遊びをガマンして勉強すると成果アップ。
- 遊びと勉強のけじめをつけることが大事。
- 友だちと協力すると大きな成果に！
- もう一度基本どおりにやってみよう。
- 大事なところでミス。何度も見直してみて。
- ヤマははずれそう。地道な努力が必要。
- ニガテな教科をこくふくするチャンスだよ。
- しっかりがんばらないと、成績ダウンだよ。

Part 8 ロマのツインダイス・うらない

175

金運 【おこづかいやプレゼントは？】

- おねだりが効きそう。あまえてみても◎。
- 不調だよ！ サイフのひもはしっかりと！
- 思いがけないお金や品物が手に入りそう。
- ムダ使いに注意。プレゼントも当てはずれ。
- 金運はふつう。でも強気に出るのはNG。
- 金運はだいじょうぶ。でもムダ使いは×。
- 今がんばれば、大きなごほうびがあるよ！
- おこづかいは期待できないのでムダ使い×。
- お金目当ての行動は失うもの大きいよ。
- エンリョはなし。好きなほうを選んで◎。
- 期待はずれに終わるかも。ムダを見直して。

- 思ってもみなかった方法でラッキーが！
- 買いもの運ダウン。よくばると失敗しそう。
- ケチらなければ得るものも大きくなりそう。
- コツコツ続けてきたことが金運を招くよ！
- タナボタをねらうと落とし穴があるよ。
- よくばらなければ、ますますの金運。
- 金運は上々。でもムダ使いで失うかも。
- サイフや大事なものに注意して！
- 何かをもらう期待より出費を心配して。
- 人にあげる運命みたい。いさぎよく！

開運 【願いごとや将来の希望は？】

- 希望したことは思ったより早くかなうよ。
- かなう前に大きな試練が１つ待っているよ。
- 希望はかなうので、積極的に行動しよう！
- もう一度しんちょうに考え直してみて。
- 時間はかかるけれど、願いはかなうはず。
- 落とし穴があるので、しんちょうな行動を。
- 願いがかなうと何かを失う可能性も……。
- 気が多いので願いがすぐに変わりそう。
- チャンスあり。勇気と行動力がカギだよ！
- 今の実力ではまだまだ。計画し直して。
- 計画にジャマが入るかも。別の案も考えて。

- 別のやり方のほうが望みはかなうかも。
- まもなくうれしい知らせが舞いこみそう！
- 成果を手にするには努力をおしまないこと。
- だれかのおかげで、希望がかなうみたい。
- 願いは予想外のかたちでかなうよ。
- 成功するけど、シットする人もいそう。
- 希望とは少しちがう結果になりそう。
- 後回しにしていたことに幸運のヒントが。
- 今以上の努力とガマン、熱意がカギだよ。
- 全部の希望をかなえるのは無理かも……。

あなたの運命を変えるのはどんな人？

ソウルメイト
うらない

うらない／ルートヒルド児島

ソウルメイトは、「たましいに深く関わる人」のことだよ。それは、あなたにえいきょうを与える人、夢を見せてくれる人、目標とする人、導く人、助けてくれる人、結ばれる人……そしてあなたをジャマする人。そんなふうに運命を変える7人には、いつ出会う？

前世からの約束の相手

ソウルメイトとは、前世からの縁によって、現代で出会うことが約束されている相手のこと。それはだれにでも必ずそんざいするの。前世で深く愛し合ったり、はげしく戦ったりした相手のことは、たましいの記憶として次の世に受けつがれているから。そしてこの世に生まれ変わったとき、たましいの記憶に導かれて運命的な再会を果たすんだよ！

いつか必ずめぐりあう

うらない方

あなたはこれからの人生でどんなソウルメイトに出会うかな？　もっとも身近なソウルメイトである両親の星座とあなたの星座を基にさぐってみよう！

1 あなたのお父さんとお母さんの星座を使ってうらなうよ。それぞれの星座を調べたら、表1でお父さんの星座の列とお母さんの星座の列がぶつかる場所の数字をチェック！

表1　　　例　お父さんがおひつじ座で、お母さんがおうし座なら、「4」になるよ。

お母さんの星座　＼　お父さんの星座	おひつじ座・しし座・いて座	おうし座・おとめ座・やぎ座	ふたご座・てんびん座・みずがめ座	かに座・さそり座・うお座
おひつじ座・しし座・いて座	1	4	2	3
おうし座・おとめ座・やぎ座	4	1	3	2
ふたご座・てんびん座・みずがめ座	2	3	1	4
かに座・さそり座・うお座	3	2	4	1

星座チェック▶▶▶おひつじ座 (3/21〜4/19生まれ)、おうし座 (4/20〜5/20生まれ)、ふたご座 (5/21〜6/21生まれ)、かに座 (6/22〜7/22生まれ)、しし座 (7/23〜8/22生まれ)、おとめ座 (8/23〜9/22生まれ)、てんびん座 (9/23〜10/23生まれ)、さそり座 (10/24〜11/22生まれ)、いて座 (11/23〜12/21生まれ)、やぎ座 (12/22〜1/19生まれ)、みずがめ座 (1/20〜2/18生まれ)、うお座 (2/19〜3/20生まれ)

あなたの両親や兄弟姉妹は、前世で関わりを持っていたソウルメイト。たましいの記憶が深く強く残っているために、生まれると同時に出会う、つまり家族として生を受けるわけ。家族以外にもソウルメイトはそんざいするよ。初対面なのにどこかで会った気がする人、全然きんちょうしない相手、ひと目でピンとくる、何か予感に似たものを感じさせる相手などは、ソウルメイトである可能性が高いみたい。

7人のソウルメイト

 表1でわかった数字とあなたの星座を使って、あなたのソウルタイプを出すよ。表2であなたの星座の列と、表1でわかった数字の列がぶつかる場所のアルファベットをチェック！

例 あなたの星座がふたご座なら、表1で出た「4」と「ふたご座」が交わる列を調べると「D」になるはず。ソウルタイプは「旅人」になるよ。

表2

表1の数字 ＼ あなたの星座	おひつじ座	おうし座	ふたご座	かに座	しし座	おとめ座	てんびん座	さそり座	いて座	やぎ座	みずがめ座	うお座
1	A	B	A	B	A	B	A	B	A	B	A	B
2	B	A	B	A	B	A	B	A	B	A	B	A
3	D	C	D	C	D	C	D	C	D	C	D	C
4	C	D	C	D	C	D	C	D	C	D	C	D

ソウルタイプ A 妖精タイプ（p180〜） B 騎士タイプ（p184〜） C 魔女タイプ（p188〜） D 旅人タイプ（p192〜）

いつも楽しく過ごすのが好き

ケンカもするけれど仲のいい人に囲まれた環境で育ったので、みんなとはいつも楽しく過ごしたいと思うみたい。おもしろいことを言うなど、自分からまわりを盛り上げることも多いはず。思ったことはハッキリ言うむじゃきさが天然の妖精のよう。

A 妖精タイプ

あなたが出会う7人のソウルメイト

1. あなたにえいきょうを与える人

3年おきの節目に出会う個性的な女子

だれにでもフレンドリーに接する、オープンなあなたは、人からえいきょうを受ける機会も多い人。中でも進級、進学、就職などの節目に出会う人からは、価値観やセンスが変わるほどの強いえいきょうを受けるはず。それは16才、19才、22才、25才と3年おきにめぐってくるチャンス。相手は人とちがう個性を持った女子で、少々変わり者のよう。今まで自分が知らなかったことをカノ女から教わって、世界を広げていくよ。

2. あなたを助ける人

部活サークルで知り合う同い年の男子

何かとあなたをサポートしてくれるのは、10代の終わりごろにサークルやイベントの集まりで知り合う同い年の男の子。学生のうちは人間関係のトラブルを解決してくれ、社会人になってからは仕事の相談相手になってくれるはず。環境の変化で、一時的にはなれることはあるけど、あなたのピンチをすくう、一生の友だちになるのがカレだよ。

3.あなたを導く人

学校や塾、習い事などで知り合う先生

素直なあなたは周囲の言うことにふり回されて、自分の進路をなかなか決められないところがありそう。そんなあなたを正しい道へと導いてくれるのは、10代半ばまでに出会う10才以上年上の人。学校、部活、塾、習い事の先生の中にいそうだよ。クラスや学校が変わっても年賀状などのやりとりが続く先生がいたら、可能性は高いかも。きっと将来にわたってあなたの相談役になってくれるはず。迷ったらすぐに聞いてみよう！

4.あなたのジャマをする人

仕事先で知り合う女性が結婚をジャマ!?

あなたにとって、人生最大のジャマ者が現れるのは20代前半。あなたは熱い恋の真っ最中かも。つまりそのジャマ者とは、あなたの恋や結婚をジャマする相手ということ！　それはあなたと同じ大学や職場の人みたい。しかもカノ女は表面的には親切そうな態度なので、アクシデントに気づくのがおくれがち。この時期の恋はだれにも話さず、オープンにしないほうがよさそうだよ。また過去に意地悪をしてきた女子にも注意して！

5.あなたを成長させてくれる人

初対面から好感を持つよくにたカノ女

10代の終わりごろ、学校のサークルや仕事やバイト先で出会う同い年の女の子が、あなたを成長させてくれる人。カノ女には初対面から親しみを感じ、同時にそんけいできる人と直感するみたい。カノ女はあなたの目標となるうえに、大切な親友にもなるはず。あなたとカノ女はおたがいをみとめ合い、センスや感覚をみがいていく関係に成長するよ★　おたがいを目標とするほど仲がよく、まるで鏡みたいなフレンドになるはず！

6. あなたに夢を見せてくれる人
同じ部活などでともに過ごした女の子

あなたに夢をいだかせる人の登場は意外に早く、10代半ばから後半にかけて。同じ部活やシュミのイベントでいっしょになる子の中にいそうだよ。カノ女がいるだけで、「もっと上を目指したい！」と願う気持ちがわきあがってくるみたい。つまり、カノ女はあなたにとって向上心を目覚めさせてくれるそんざい。まだ興味を持つことには出会っていないかもしれないけど、これから何にでも飛びこむ勇気があれば早く出会えるはず。

7. あなたと結ばれる人
10代の終わりに出会う年上のカレ

あなたが将来結ばれることになるカレと出会うのは、10代の終わり。かなり年上である可能性が高そうだよ♥ そしてどことなく父親的な、たよりがいのあるフンイキを持っているのが特ちょうみたい。出会いは早いけれど、じつはつき合いだすのはもう少し先になりそう。22〜26才に再会して、カレから見てあなたが大人の女性になっていれば、結婚へと進むはず。それまでに自分みがきをして、ミリョクを増やしておきたいね♥

いつも正しく、誠実な行動

おたがいに助け合い、はげまし合う環境で育ったあなたは、どんな人にもやさしく誠実にふるまいたいと思うみたい。うそをついたり、だれかを仲間はずれにしたりするのが大キライ。責任感が強く、正義の味方の騎士タイプだよ。

B
騎士タイプ

1. あなたにえいきょうを与える人

もうすでに出会っている、ニガテな相手

あなたが10代前半から半ばにかけて出会う人がその人。つまり、すでにその人は近くにいる可能性が高いの。ただしその人はあなたとタイプがちがうので、苦手意識を持っているかも。もう一度、自分のまわりをよく観察して、クラスや部活や塾が同じなのにあまり話さない子がいたら、思い切って話しかけてみて。相手はあなたの考え方を大きく変える人。関わらなかったり、気づかなかったりするのはソン！

2. あなたを助ける人

本当のピンチをすくう中学、高校の友

しっかり者なのであまり助けを求めないあなた。トラブルは自力で解決しようとするけれど、20代前半にむずかしい問題が起きるかも。そのときあなたを助けてくれるのは中学、高校のときの友だち。これからあなたの身近な仲間になるだれかが、数年後に強い味方になってくれるみたい。その友だちとは進路が分かれることや、一時的にはなれることがあるので、はなれている間も友情のキズナを残せるかどうかが運命の分かれ目だよ。

3. あなたを導く人
10代の終わりごろに出会う男子

曲がったことのきらいなあなた。楽をすることに後ろめたさを感じてしまうタイプなので、たとえ回り道になるとしても、とにかく「正しい」ものだけを選ぶみたい。そんなあなたに「近道」を教えてくれるのが、10代の終わりごろに知り合う同い年の男子。カレはあなたががんばりすぎないように、かんたんに物事を進める方法を教えてくれるよ。あなたは目的への最短コースを知ってびっくり。このカレとの友情は長く続くみたい。

4. あなたのジャマをする人
30代で現れる年下の女子

あなたにとってのジャマ者は、じつはうんと年下の女の子だよ。あなたが30代になるころに登場する若い相手。カノ女は恋や仕事や人間関係、と何でもかんでもジャマしてくるよ。年の差があるので強くおこれないあなたにとっては、かなりめんどうな相手かも。ほとんどはあなたへのシット心からだけど、本当はあなたにあまえたい気持ちがひねくれたものみたい。年上のあなたが、最後にはカノ女の相談相手になってあげれば解決！

5. あなたを成長させてくれる人

遠い世界のあこがれの人が目標に

あなたが一生をかけて目指す目標となる人に出会うのは、10代半ば。最初は遠くからながめるだけのあこがれの気持ちだけど、やがてその人の生き方や考え方があなたの目標になるみたい。カノ女は身近なそんざいではなく、テレビでみるだけの有名人や、作品しか知らないアーティストかも。でもあなたはねばり強い努力家。がんばってカノ女と同じ世界に入り、やがては親しい友人となれる可能性もあるから、あきらめないで。

6. あなたに夢を見せてくれる人

20代で現れる有能な男性

20代半ばで仕事を通して知り合った男の人が、あなたに「成功」という夢を見せてくれるはず。もともとがんばり屋さんのあなただけど、カレはさらにすごい行動力を持つ努力家。カレと出会うことによって、あなたは初めて夢を語る楽しさを知ることになりそう。カレは話だけでなく、実際に夢をかなえる方法をさぐり、人を集め、人を動かす才能の持ち主だよ。カレといると、夢がどんどん形になっていくのを感じられるはず！

7. あなたと結ばれる人

20代前半で会った人とゴール！

あなたが結ばれる人と出会うのは、20代前半。ただあなたは20代のほとんどを仕事でいそがしく過ごしていそうなので、実際に結婚するのは30代になってからかも。たとえ早く結婚したとしても、仕事のつごうではなればなれになる時期があるみたい。それでも相手はあなたが生き生きと働く様子が大好きなので、あなたががんばってキャリアを積んでいくすがたを応えんしてくれるはず。仕事と恋の両方を手に入れるよ！

Part 9 ソウルメイトうらない

一見クールだけど
中身はやさしい

落ち着いていてしっかりした環境で育ったあなた。そんなあなたはどちらかというと大人っぽいかも。あまりホンネを言わないけれど、相手の言葉や態度はきちんと観察。だから相手の気持ちはちゃんとわかってあげられるのかもね。

魔女タイプ

あなたが出会う 7 人のソウルメイト

1. あなたにえいきょうを与える人

ちょっと近よりがたい、年上の女の人

どちらかというと目立ちたくないあなただけど、10代後半になるととたんに変身するよ！　あなたは、オシャレでセンスのいい年上の女の人のえいきょうを受けて、はなやかでミリョク的な女の子に変わるはず★　ただしその女の人は最初ちょっとこわいイメージがあるみたい。あなたのバイト先の先ぱいか友だちのお姉さんの可能性大。人見知りしないように努力して、年上のステキな女の人と仲良くね♥

2. あなたを助ける人

20代後半で出会う、職場の年上男性

困ったことがあっても、ついエンリョしてなかなか「助けて」と言えないあなた。そんなあなたの気持ちを察して手助けしてくれる人が登場するのは、ちょっと先の20代後半。その人は、職場の先ぱいで、5才以上年上の男の人みたい。カレは目立つことをきらって、だれにもわからないようにこっそりとサポートしてくれる人。でもカレはざんねんながらイケメンタイプではないかも。見た目で判断しちゃダメだよ！

Part 1 ソウルメイトつらない

3. あなたを導く人

失敗をおそれない勇気をくれる年上女性

しんちょうで用心深く、なかなか一歩をふみ出せないあなた。そんなあなたを新しい道やまだ知らない場所へ導いてくれる人が、20代前半に出会う4〜5才年上の女性。カノ女はあなたに強い心と勇気を教えてくれるはず。この時期のあなたは大きな決断をせまられるけれど、カノ女の心強いアドバイスで前向きに進んでいけるみたい。カノ女は外国人である可能性も大。今から英語の勉強をしっかりやっておくといいかも！

4. あなたのジャマをする人

気が合わない相手が宿命のライバルに

あなたが最大のジャマ者に出会うのは10代の前半。すでに出会っている可能性もあるよ。クラスや部活、委員会などで何かとあなたにケチをつけたり、冷たい態度を取ったりする相手のはず。カノ女がジャマする理由はたんなるねたみ。いやなことを言われてもガマンしがちなあなただけど、カノ女とはちゃんと戦ったほうがよさそう。カノ女のそんざいがあなたに戦い方を学ばせるきっかけに！

5。あなたを成長させてくれる人

身近な親せきのお手本になる女性

あなたの成長をうながしてくれる人は、いとこやおば、母親の友人など、きわめて身近な女性である可能性が大。それだけにハッキリと目標として意識しだすのは20代半ば、またはあなたが結婚してからかも。つまりあなたがお手本にしたいと思うのは、カノ女たちの「理想の家族の作り方」みたい。今のあなたにはまだピンとこないかもしれないけれど、すてきな結婚生活を築きたいという目標が、あなたの中にはあるはず。

6。あなたに夢を見せてくれる人

30代を過ぎて出会う年上の女性

おくびょうであきらめやすい面のあるあなたは、夢を見ることさえちょっぴりひかえめ。そんなあなたが、大きな夢に向かって羽ばたくのは30代になってからみたい。家族や親せきを通して知り合った年上の女性が、あなたに「自由」という夢を見せてくれる人になるよ。カノ女に出会ってから、あなたは自分が本当はどうなりたいのか思い出すはず。ただしカノ女は初対面ではイマイチの印象。あなたがけいかいしないことがカギ。

7。あなたと結ばれる人

気軽につき合いだした相手が運命

あなたの前に運命の相手が現れるのは20代半ばくらい。旅先やイベント会場など、どちらかというと楽しい遊びの席で、恋がめばえるきっかけがありそうだよ。最初はノリだけでつき合い始めるかもしれないけれど、だんだんこれが運命の恋だと気づくはず♡ そしてあっという間に結婚へ！ スピーディーな恋の進展にはトラブルもつきもの。それらを協力してくぐりぬける2人は固いキズナで結ばれていくよ。

旅人
たび びと
D
タイプ

1. あなたにえいきょうを与える人

30才ごろ、旅先で出会う年下の相手

交友関係が広く、いろいろな人に接しているわりに、人からのえいきょうを受けにくいあなた。それは早くから自分だけの世界を持っているからかも。そんなあなたにおどろきをもたらす相手の登場はまだ遠い未来。30才を過ぎたころに旅行先や出張先で知り合う年下の、シャイで話しベタな友だちだよ。ようやく親しくなるころ、相手の生き方に目が覚めるようなシゲキを受けるあなたは、その後の生き方を変えていくことに。

2. あなたを助ける人

正反対の性格で世話好きのクラスメイト

好奇心が強いため、あちこちに首をつっこんではトラブルを招きがちなあなた。ただし、力になってくれる人と出会うチャンスは人より多めなのがラッキー♥　中学、高校と進学するたびにそんな味方を引きよせるのはあなたの長所かも。あなたのサポーターは世話焼きのクラスメイトで、性格や行動はあなたと正反対のタイプの子。席が近いとか、班がいっしょとか、かんたんなきっかけで仲良くなるよ。カノ女は一生の味方！

変わったことが好きな自由人

人の個性を大切にし合い、うるさく口出しされないおおらかな環境で育ったあなたは、人とはちがったものやユニークなものに興味を持ちたい。いろいろなことが気になるので、行動はつねにスピーディーでマイペースだよ。

193

3. あなたを導く人

10代の終わりに再会する友だち

あっちもこっちも気になって、より道ばかりしてしまうあなた
を、ちゃんと元の道へともどしてくれるのが、10代の終わり
に再会する古い友だち。このころのあなたは、恋や進路でなや
みがいっぱい。でもカノ女のひと言で、自分の進むべき道を思
い出すことになるかも。選ぶ道をまちがうと苦労しそうなので、
カノ女のそんざいはあなたの人生になくてはならないものと言
えそう。カノ女はその後もあなたのよきアドバイザーに！

4. あなたのジャマをする人

意地悪をしかけてくるいやな男子

少々ジャマされたくらいではめげないあなただけど、それでも
手を焼きそうなのが10代の終わりから20代の初めに出会う同
い年の、ある男の子。初対面からあなたを目のかたきにして、
いやなうわさを流すなどやることがイジワル！　そんなカレに
は絶対に負けないで！　カレがあなたに意地悪をする理由はた
だ一つ。あなたが自分より実力があるからくやしいの。あなた
の才能にライバル心を燃やすみたい！

5. あなたを成長させてくれる人

10代後半に出会うモテる女性

あなたの成長をうながす人は、10代後半に知り合う5〜6才
上の女性。カノ女は、とてもモテるミリョク的な人のはず。あ
なたはカノ女の情熱や恋に対するひたむきさにあこがれて、ド
キドキしっぱなし。カノ女は友だちや恋人のお姉さんである可
能性が高く、あなたさえ積極的になれば親しくなれそうだよ。
ただし、カノ女のようになりたいと思うあまり、まねばかりし
てしまうと逆効果なので、自分らしくしていよう！

6.あなたに夢を見せてくれる人
ミリョクに気づかせてくれる年上女性

10代の終わりごろに出会う、ファッションやビューティーの世界で仕事をしている、5才くらい上の女性がカギ。カノ女はあなたのチャームポイントを次々に引き出してくれる人だよ。カノ女といっしょだと「もっとステキになりたい」という期待でむねがいっぱいに。つまりカノ女はあなたに「美」への夢を見せてくれる人。ただしこのときのあなたは年上の人に生意気な態度を取りがち。出会いのチャンスをだいなしにしないで!

7.あなたと結ばれる人
20代後半で出会うオシャレな相手

交友関係が広く、多くの出会いと恋にめぐまれるあなただけれど、結ばれる人が現れるのはおそいみたい。早くても20代後半まで待たされることになりそう。しかも意外なことにカレとはお見合いや、親せきの集まりの席で知り合う可能性大。それまでたくさん、モテるあなたを見てきた友だちはビックリするかも! でもそうしてようやく出会う相手はオシャレで、お金も持っているしっかり者だからあなたにピッタリのはず♡

A
妖精タイプ

人に囲まれ、ケア＆サポート

あなたのまわりにはいつも多くの人がいて、きっと楽しい毎日を過ごしているよ！ 人を笑わせたり、はげましたり、あなたの力や才能は、人と深く関わることで生かせるから、看護師や保育士など、人をケア＆サポートする仕事に向いているよ。

B
騎士タイプ

仕事をバリバリこなしているよ

一度決めたら最後までがんばれるので、夢や目標をかなえることができるはず。人にたよらず、できれば自分の力でやりとげたいと思うから、大変なこともあるかも。でも、実力もアイデアも豊かだから、自分で会社やお店を始めているかも。

あなたの将来

C
魔女タイプ

研究や調査で真実を求める

一つのことにコツコツ取り組むので、多くの人に信らいされるよ。じっくり考え、観察する目も持っているから、根気が必要な仕事に向いているかも。法律家や研究者は◎。ふつうの人ができない体験をしたり、新発見をしたりするかも。

D
旅人タイプ

変化いっぱいの生活に

どんなことにも興味を持ち、おもしろいと感じるので、同じことのくり返しは好きになれないみたい。将来はかなり変化の多い生活をしていそう。物知りなのでガイドなど旅行に関係する仕事が向いているかも。海外でくらす可能性も大。

あなたのオーラは何色？

オーラカラー
うらない

うらない／早花咲月

「オーラ」は、生きものから発する霊的エネルギー。人のまわりには資質や特ちょうに応じて、さまざまな色と形の光が現れるんだって。その人にパワーがあるとオーラはかがやき、幸運を引き寄せるけど、元気がないとオーラも運もダウンしちゃう……。

さっそく
自分のオーラカラーを調べてみよう！

オーラカラーの出し方

1
表1で、あなたの誕生月と誕生日の交わるところを見て。
例／ 5月6日・9：00生まれの場合 ➡ **15:00**

注意！
朝の9時より前に生まれた人は、生まれた日の前日のらんを見てね！

例／ 5月6日・6：00生まれの場合
1つ前の「1〜5日」と5月の交わるらんをチェック
➡ **14:45**

2
1で出た時間に、あなたの生まれた時間（わからない人は 12:00でOK）をプラスして出した時間（A時間）を、表2で チェック！　それがあなたのオーラカラーだよ！

例／ 5月6日・6：00生まれの場合
➡ **14:45**（1で出した時間）**+ 6:00**（自分の生まれ時間）**= 20:45**（A時間）
表2でみると、オーラカラーは**グリーン**。

注意！
生まれた時間を加えて出た時間が、24時以上なら、「24」を引いてね！

例／ 8月14日・12：00生まれの場合
➡ **21:30**（1で出した時間）**+12:00**（自分の生まれ時間）**= 33:30**
➡ 24時以上なので、**33:30−24:00 = 9:30**（これがA時間に）
表2でみると、オーラカラーは**ブラック**。

表1

誕生月＼誕生日	1〜5日	6〜10日	11〜15日	16〜20日	21〜25日	26〜31日
1月	6:50	7:00	7:30	7:45	8:00	8:30
2月	8:45	9:00	9:30	9:45	10:00	10:15
3月	10:30	11:00	12:30	11:15	11:45	12:00
4月	12:45	13:00	13:45	13:30	14:30	14:00
5月	14:45	15:00	15:45	16:00	16:30	15:15
6月	16:45	17:00	17:15	17:45	18:00	18:30
7月	18:45	19:00	19:30	19:45	20:00	20:30
8月	20:45	21:00	21:30	21:45	22:00	22:30
9月	22:45	23:00	23:30	23:45	0:00	0:30
10月	0:45	1:00	1:30	1:45	2:00	2:30
11月	2:45	9:00	3:30	3:45	4:00	4:30
12月	4:45	5:00	5:30	5:45	6:00	6:30

表2

時間	オーラカラー	時間	オーラカラー
0:00 〜 1:09	シルバー	15:10 〜 16:40	ブルー
1:10 〜 3:34	ゴールド	16:41 〜 17:59	パープル
3:35 〜 5:59	ホワイト	18:00 〜 19:21	レッド
6:00 〜 8:24	ピンク	19:22 〜 20:52	グリーン
8:25 〜 10:52	ブラック	20:53 〜 22:48	イエロー
10:53 〜 13:12	オレンジ	22:49 〜 23:59	シルバー
13:13 〜 15:09	ブラウン		

Part 10 オーラカラーうらない

199

どこにいても注目！

スパイシーチーム

- ♡ レッド
- ♡ ゴールド
- ♡ オレンジ

このカラーの持ち主は、ほこり高く堂々としたイメージで、大物ぶりを感じさせるよ。明るくていつも自信たっぷりなので、自然とまわりのフンイキも活発になるはず。大勢の人から注目され、どこにいても目立つタイプだよ！

さわやかで人気！

ポップチーム

- ♡ イエロー
- ♡ ピンク
- ♡ ブルー

軽やかでさわやかなムードが、このグループの特ちょうだよ。社交的で人当たりがよく、人づき合いが上手。だれからも好かれる性格の持ち主♪ 流行しているものに目がないミーハーなところもあるけど、いっしょにいて楽しい人。

オーラカラー別 4つのチーム

オーラは全部で12カラー。そして特ちょうによって4つのグループにまとまるよ。

ホッと安心できる！

ナチュラルチーム

- ♡ グリーン
- ♡ ホワイト
- ♡ ブラウン

気分屋なところがなく、つねに気持ちが安定しているのが特ちょう。目立つことや冒険は好まない安全第一主義なので、人をふり回すことがなく、いっしょにいると安心できるはず。リラックスしてつき合えるタイプだよ！

不思議なミリョク！

ミステリアスチーム

- ♡ シルバー
- ♡ ブラック
- ♡ パープル

一見おとなしいけど、内に情熱を秘めたパワフルなグループと言えそう。目立つタイプではないけれど、不思議と気になったり、ちょっとした行動にドキドキさせられたり、人をひきつけるミリョクを持っているはずだよ！

オーラカラー診断

RED

情熱的な
エネルギッシュオーラで
注目のマト！

スパイシー
チーム

レッド

レッドは情熱の色。めらめらと燃えるほのおのように、この色をオーラに持つ人はエネルギッシュ。感情のアップダウンも大きく、思ったことはすぐに口に出さないと気がすまないところも。その印象の強さ、あざやかさはトップクラス！決断力、行動力、勇気がそろっているので、リーダーに選ばれることも多いはず。つねにそんざい感のある人として、まわりから注目されるよ！

↑オーラ★アップのカギ↑

太陽の光をあびる

真っ赤な太陽が味方になるよ。
朝日をあびたり、日当たりのいい場所に
行ったりするだけで、心身ともに
活発になって、オーラのかがやきもアップ
するよ！ 元気がないときは日光浴が
おすすめ☆ ますますエネルギッシュに
活やくできるようになるよ！

↓オーラ★ダウンのワナ↓

守りに回りすぎない

消極的になるととたんにかがやきが
パワーダウンしちゃう。物事が
うまくいくときほど注意して！
成功に満足して新しいことをしなくなると
注目されなくなるかも。人の注目や
応えんが力の元だから、失敗をおそれず
新しい目標にトライし続けて！

人の上に立って　どんどんかがやく　スター★オーラ

GOLD

ゴールド

スパイシーチーム

ゴールドは王者のシンボル。この色をオーラに持つ人は、堂々としたそんざい感があるうえ、見た目も行動もはなやかなタイプ。自然と人をひきつける、スターのオーラの持ち主とも言えるよ。自分がリーダーになれるグループを作って、みんなを動かしていくことでミリョクや能力がハッキされるよ。

↑オーラ★アップのカギ♪

つねにしせいを正して

王者のオーラの持ち主らしく、つねに背すじをのばしてしせいよく過ごすことを心がけること。周囲に自信をアピールでき、心身のエネルギーも活発になるので、パワフルに行動できるよ。あっとう的なオーラがかがやき出すはず！

↓オーラ★ダウンのワナ↓

ケチケチするのは×

せっかくはなやかなオーラが備わっているのに、ケチケチしたふるまいをすると、だんだんかがやきがくすんでいってしまうよ。人に手を貸すのをしぶったり、お礼やプレゼントをケチったりするのは人気を落とすNGアクション。

ORANGE

スパイシーチーム

オレンジ

オレンジは太陽のようにあたたかく、周囲をハッピーにする色だよ。この色をオーラに持つ人は、明るくハツラツとした元気ガール。行動力バツグンで好奇心おうせい！ 楽しいことが大好きなので、レジャーやイベントを仕切らせたら右に出るものはいないはず！ 運動能力も高いので大会や試合でも活やくしそう。

↑オーラ★アップのカギ♪

チャレンジをしよう！

冒険心がオーラをかがやかせるよ！
そのためには思いきりのいい決断と
スピーディーな行動を心がけよう。
朝、アップテンポの曲をきくと、
人より一歩先に飛び出せて、
チャンスがつかみやすくなるから
試してみてね。

↓オーラ★ダウンのワナ↓

運動不足に用心

イキイキとしたあなたのオーラが
弱まるときは、運動不足が原因と
言えそう。ウォーキングやストレッチを
習かんにするのをおすすめ。
休みの日も家でゴロゴロしていると
だんだんオーラがくすんでいくから、
気をつけて！

YELLOW

楽しいムードメーカー的そんざいになるよ♡

イエロー

さわやかでシゲキ的なイエローをオーラに持つ人は、おちゃめで明るく、頭の回転も速い社交的なタイプ。おしゃべり好きで場を盛り上げるのがうまいので、友だちも多いはず。人の集まる場所や話し合いの場では自然とムードメーカーに。新しいもの好きで、情報通でもあるので、トレンドリーダーとしても人気に！

↑オーラ★アップのカギ↑

手を上げてアクション

人と話すときは、なるべく手をむねより上にあげてみて。自然とジェスチャーが大きく、豊かになって、説得力がアップ！　持ち前のコミュニケーション術にもみがきがかかって、ますます人気者になれるはずだよ！

↓オーラ★ダウンのワナ↓

口はわざわいの元

つい口がすべってよけいなことを言ったり、人のひみつをバラしたりすると、信用を失ってオーラもくすんじゃう。ふだんから日記や手紙などで文章を書いてみて。伝える内容を頭の中で整理するクセがつけば失敗はへるはず。

PINK

愛されオーラ満開で
トラブルも解決しちゃう

ポップ
チーム

ピンク

愛らしいピンクのオーラを持つ人は、つき合いやすいタイプ。バランス感覚にすぐれ、だれにでも公平に接するから、みんなに好かれるみたい。争い事をおさめたり、グループをまとめたりすると好かれオーラがますますかがやくよ。センスがよく気配り上手なので、まちがいなくみんなから注目されているはず！

↑オーラ★アップのカギ↑

笑顔でカガやこう

あいそのよさを生かして笑顔を絶やさないでいることが、愛されオーラを強めるコツ。鏡の前で笑顔の研究にはげんじゃおう！　アクセサリーを身につけてオシャレしたりすることも、オーラをかがやかせて人気を高めるヒケツだよ。

↓オーラ★ダウンのワナ↓

なまけ心はNG

だれも見ていないところでゆだんしてサボッたり、手ぬきをしたりするとオーラはうすれていくよ。人前に出たり、家に人を招いたりして、つねにだれかに見られていると、きんちょう感が出て、オーラをキープできるよ。

知的で
男女問わずに好かれる
カリスマオーラ

BLUE

ポップ
チーム

ブルー

知性や冷静さを表すブルーのオーラを持つ人は、クールなミリョクがあるよ。ひらめきがシャープでスマートな印象★　性格もさっぱりして、男女問わず人気があるはず。発想がユニークで、進んだ考え方ができるので、意見を求められる場ではかがやきをはなつよ。グループ内でカリスマ的なそんざいになることも!?

↑オーラ★アップのカギ♪

活発にディスカッション

グループ行動や話し合いが、
あなたのかがやきを強めるよ。
仲間とは、目を見て話すようにしよう！
「アイコンタクト」を
取ることで、チームワークがよくなり、
おたがいの信らい関係が
生まれやすくなるよ！

↓オーラ★ダウンのワナ♪

乱ぼうな言葉はタブー

ブルーは自分にきびしくする色でもあるよ。
そのため乱ぼうな言葉を使ったり、
がさつな態度を取ったりしていると、
だんだんオーラがうすれて、
人に注目されなくなっちゃう。
人にやさしく接することを
心がけようね。

おだやかオーラで
多くの人に安心を与える♡

GREEN

ナチュラル チーム
グリーン

安らぎを与えるヒーリングカラーであるグリーンのオーラは、フンイキがあたたかくておだやか。いつもにこやかでいながら、少々のことには動じない落ち着きと強さがあるよ。そこが多くの人に安心感を与えるのかも。のんびり屋さんだけど、最後までやりとげるねばり強い人。相談相手としてもバツグンの信用が！

↑オーラ★アップのカギ↑

楽しい食事が◎

おいしいものを楽しいフンイキの中で味わおう。安らぎグリーンのオーラの持ち主は楽しく食事をすることで心が満たされ、ハッピーオーラが出やすくなるよ。とくに好きなものをゆっくり時間をかけて楽しむことが大事♡

↓オーラ★ダウンのワナ↓

ガンコな態度は×

1つのことにこだわりすぎて、自分の意見を曲げないガンコな態度は、チャンスをのがし、オーラも弱める元に。どんなこともはじめから決めつけないで、とりあえずみんなの意見にしたがって行動してみると、新しい発見があるよ。

Part 10 オーラカラーうらない

207

WHITE

ひかえめオーラで好感。信らい度ナンバーワン

正直さやピュアを表すホワイトのオーラを持つ人は、ルールを守り、礼ぎ正しく、きちんとした好印象を与えているはず。年上からのウケもよく、一見しっかり者だけど、じつは内面はかなりロマンティスト♡　サポート役で実力をハッキするので、サブリーダーや先パイのアシスタントが向いているはず。

↑オーラ★アップのカギ♪

健康に気を配ろう

髪やおはだのケアにはげんだり、きそく正しい生活で健康に気を配ったりすると、持ち前のクリーンなオーラが強まって、好感度がグンとアップするよ！きれいな言葉を使うなど、外見だけでなく内面もみがこう♪

↓オーラ★ダウンのワナ♪

人の欠点を言わない

ホワイトはよごれが目立つ色だけに、人のミスや欠点をチェックしがち。でも、やりすぎはオーラをくすませる元に。オーラをかがやかせるのに一番いいのは、観葉植物を育てて、おおらかな気持ちを取りもどすことだよ！

208

ナチュラルチーム ブラウン

安定感を表す大地の色・ブラウンのオーラを持つあなたは、誠実で落ち着いたフンイキを持ち、地味な努力を積み重ねられるマジメなタイプ。精神年れいが高く、大人っぽく見られたり、何かとたよりにされたり、年上の人と仲良くなることが多そう。信らいされることでかがやくので、責任のある立場に立つと◎。

↑オーラ★アップのカギ↑

伝統にふれよう！

落ち着いたムードがあり、同じ年の友だちにはない大人なオーラをただよわせるあなた。しにせのショップに出かけたり、古くて伝統のある習い事をしたり、上品なしぐさを心がけるとそれだけでオーラがかがやいて人の目にとまるよ。

↓オーラ★ダウンのワナ↓

あまえるのはダメ！

あなたをあまやかす環境にいると、りんとしたオーラがだんだんうすれていくみたい。おたがいに堂々と競い合える、レベルの高いグループに参加すると◎。競争し合うライバルがあなたのオーラをみがいてくれるよ。

包みこんでくれる大きさを感じさせるオーラ

SILVER

ミステリアスチーム **シルバー**

母性や古風を表すシルバーのオーラを持つ人は、細かいことによく気がつき、マメでめんどう見がいいタイプ。愛情豊かなので、困ったときや不安なときにそばにいてほしいと思われているよ。とくに年下からの人気はバツグン。アドバイザーや指導する役割を引き受けると、ますますオーラがかがやき出すはず。

↑オーラ★アップのカギ♪

リラックス環境が◎

いごこちがいいと思える場所で過ごしていると、幸せを感じるオーラがふわりとただよって、周囲の注目を集め、ツキがめぐってきそう。自分の部屋のインテリアを充実させたり、身近な人との時間を大切にしたりしてね。

↓オーラ★ダウンのワナ↓

何事もやりすぎはNG

情に厚く、めんどう見のいいあなただけど、親切の度が過ぎるとおせっかいとゴカイされることも。そうなるとオーラもくもりがちに。やりすぎたと思ったら左手の人さし指にシルバーリングをはめるとクールダウンするよ！

BLACK

近よりがたく
ほこり高い
クイーンのオーラ！

ミステリアス
チーム

ブラック

Part
10

オーラカラー・つらない

強さと内に秘めた自信を表すブラックのオーラを持つ人は、1人の時間や自分の世界を大切にするタイプ。人と群れることをきらう、一ぴきオオカミだよ！　近づきにくいフンイキがあるけれど、いったん仲良くなると誠実につき合う情熱家。ピンチに動じない心の強さがあるので、トラブルが起きたときこそ実力ハッキ。

↑オーラ★アップのカギ♪

ピンチがチャンス！

ピンチに追いこまれるほど、
逆転のパワーをハッキすることのできる人。
あえて大変そうな役割を買って出たり、
ハードなスケジュールを立てて
がんばれば、みるみるオーラが
みがかれて、いつの間にか
大注目されているはず。

↓オーラ★ダウンのワナ↓

前向きな言葉を選ぶ

否定的な言葉はネガティブな
パワーを引きよせて、オーラを弱めるよ。
明るく前向きな話題を選ぶように
しよう！　旅行をしたり野外で
自然にふれて楽しんだりして、
リラックスすると、パワーがぐんぐん
もどってくるのを感じそう。

人のために行動する天使オーラの持ち主！

ミステリアスチーム
パープル

豊かな愛を表すパープルのオーラを持つ人は、人のために役立つことを求め、つくすタイプ。心がキズついた人を立ち直らせたり、ボランティア活動で周囲がおどろくほどのやさしさをハッキリしたりして、天使のようなかがやきを見せそう♡イマジネーションも豊かで楽器の演そうやダンスなど、アートで感動を呼ぶよ。

↑オーラ★アップのカギ↑

ひらめきを大事に！

第六感やインスピレーションを大事にしよう。直感にしたがった行動が当たったり、アートやハンドメイドでステキな作品を作り出したりできるはず。それは神がかり的なパープルオーラの持ち主だからできるミラクルだよ。

↓オーラ★ダウンのワナ↓

言いなりにならない

人の言うことを何でも聞いていると、だんだん正直な気持ちが言えなくてつらくなるかも。それがオーラをくすませて、ミリョクをダウンさせるモトに。イヤなことは、ちゃんと断る勇気を持つことが大切だよ！

あなたのミリョクがわかる！
誕生曜日
うらない

うらない／水木あかり

あなたは、自分が何曜日に生まれたか知っている？
生まれた曜日がわかれば、今のあなたとかくれている
ミリョク、さらにチャームアップポイントがうらなえ
るの。心も身体もみがいて、理想の自分に近づこう♡
さあ、誕生曜日をチェックしてみて！

あなたの誕生曜日は？

誕生曜日を出して、
あなたの性格やミリョクをうらなうよ。

誕生曜日の出し方

① 表Aで、生まれた年の下2ケタを探して、その行の一番上の数字をチェックしてね。

② 次に、表Bで、あなたの生まれた月と、表Aで確認した数字が交わるところにある数字をチェック。

③ 表Cで、あなたの生まれた日づけと、表Bで確認した数字が交わるところをチェック。そこに書いてある曜日が、あなたの誕生曜日だよ。

例1　2010年7月9日生まれの場合

① 2010年生まれだから、生まれた年の下2ケタは「10」。表Aから10を探して、その行の一番上を見ると「6」があるよ。

② 表Bで、生まれた月の7月と、1で出した「6」の交わるところにある数字は、「5」。

③ 表Cで「5」と生まれた日の9が交わる曜日は「金」。あなたの誕生曜日は金曜日だよ！

例2　うるう年の2008年2月12日生まれの場合

① 2008年生まれだから、生まれた年の下2ケタは「08」。表Aから08を探して、その行の一番上を見ると「4」があるよ。

② 生まれた月は2月だけれど、うるう年生まれだから、表Bの「☆2月」をチェックしてね。1で出した「4」の交わるところにある数字は、「6」。

③ 表Cで「6」と生まれた日の12が交わる曜日は「火」。あなたの誕生曜日は火曜日だよ！

表A   表B

生まれた年	2	3	4	5	6	0	1
	(84)	85	86	87	-	(88)	89
	90	91	-	(92)	93	94	95
	-	(96)	97	98	99	-	(00)
	01	02	03	-	(04)	05	06
	07	(08)	09	10	11	-	
	(12)	13	14	15	-	(16)	17
	18	19	-	(20)	21	22	23
	-	(24)	25	26	27	-	(28)
	29	30	31	-	(32)	33	34

※数字に〇がついている人は、うるう年生まれだよ。

あなたの誕生月 / 表Aの数字	5月 ☆2月	8月 2月	3月 11月	6月	9月 12月	7月 4月 ☆1月	1月 10月
1	2	3	4	5	6	0	1
2	3	4	5	6	0	1	2
3	4	5	6	0	1	2	3
4	5	6	0	1	2	3	4
5	6	0	1	2	3	4	5
6	0	1	2	3	4	5	6
0	1	2	3	4	5	6	0

※表Aで数字に〇がついているうるう年の1月、2月生まれの人は、表Bでは☆1月、☆2月の行をチェックしてね。

 表C

あなたの誕生日 / 表Bの数字	1 8 15 22 29	2 9 16 23 30	3 10 17 24 31	4 11 18 25	5 12 19 26	6 13 20 27	7 14 21 28
1	日	月	火	水	木	金	土
2	月	火	水	木	金	土	日
3	火	水	木	金	土	日	月
4	水	木	金	土	日	月	火
5	木	金	土	日	月	火	水
6	金	土	日	月	火	水	木
0	土	日	月	火	水	木	金

日曜日生まれ

ユーモラスな元気っ子

性格

元気とやる気でいっぱいのあなた。いつも明るくみんなと接するよ。あいまいな態度がきらいだから、自分の意見は相手にハッキリと伝えるタイプ！　ときどきガンコにもなるけれど、それをこわがったりめんどうに思ったりする人はいないはず。なぜなら、あなたがユーモアであふれた話し方ができるから♪　あなたの明るさとユーモアは、他の人にはないステキなポイント。ガンコさもしっかりカバーしてくれて、いいバランスを保てるよ。

内に秘めたミリョク

みんなをまとめる力

実行力が高くて、まわりをグイグイ引っぱっていく大きな力を持っているよ。ハッキできれば、みんながあなたに信らいを寄せるはず！　だから、何事も自分を信じて取り組んでみて。もし自信が持てなかったら、「やればできる！」を自分の合言葉にして、心の中でとなえてみよう。そうすれば、大きなカベでも、きっと乗りこえられるよ。

あなたを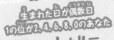かがやかせる香り

生まれた日が奇数日
1の位が1、3、5、7、9のあなた
サンダルウッド

大人っぽい香りが、あなたの決断力を高めてくれるよ。力強く進むあなたにおすすめ。

生まれた日が偶数日
1の位が2、4、6、8、0のあなた
ティートゥリー

さわやかな香りだよ。オフロに入るときなどに使うと、リーダーシップ力がアップ！

みがきをかけたいボディパーツ

ウルウルの目

堂々と行動できるあなたにとって、目チカラは大切な武器だよ。まわりの人を引きつけるヒロインのような視線を研究してみよう。ふだんから目薬で目をうるませることも忘れずに。マスカラを使うなど、アイメイクにチャレンジするのも◎。

月曜日 生まれ

やさしい愛されガール

性格

人の気持ちを一番に考えて行動できるよ。あなたのさりげないやさしさに助けられた人は、たくさんいるはず♪ まわりの空気が読める上に、いつもニコニコしていて親しみやすいから、好感度がとても高いみたい。落ちこむと自分の世界に入りこんでしまって、なかなかぬけ出せないかもしれないけれど、だいじょうぶ。みんなあなたが好きだから、話を聞いてくれるよ！ デリケートな自分も受け入れて、まわりをたよってみよう。

内に秘めたミリョク 豊かなイメージ力

あなたの直感はピカイチ。まわりの人よりも感性がビンカンだから、生活の中にあらゆる発見があるみたい。その発見から、アイデアやイメージがうかんでくるはず。あなたのひらめきに、他の人はびっくりすると同時にとても感心するよ。だから、心の中にとどめないで、人に伝えてみよう！ 思わぬ広がりがあるかもしれないよ♪

生まれた日が奇数日
1の位が1、3、5、7、9のあなた
ラベンダー

ビンカンなあなたにはラベンダー。ねる前にまくら元に置くと、リラックスできるはず。

あなたをかがやかせる 香り

みがきをかけたいボディパーツ スッとした姿勢

すわっているときに美しい姿勢でいれば、まちがいなく人気者に！ ひじをつく、ねこ背気味になる、ふんぞり返るなどは、絶対にNG。いつでも人に見られているという意識を持つようにしよう。授業中も意識すれば、先生からの印象もアップするよ♪

生まれた日が偶数日
1の位が2、4、6、8、0のあなた
イランイラン

あなたの自信が回復！ デリケートな心がおだやかになり、きんちょうがほぐれるよ。

 生まれ

 性格

好奇心おうせいで、見たことのないものや知らないものに出会うと、目をキラキラさせるよ。こわがらない性格だから、気になったら何でもトライしたくなって、行動に移すみたい。そのチャレンジ精神とアクティブな姿勢は、だれにも真似できないはず！　もしトライして失敗しても、気にしないよ。その失敗から学んだことを生かして、「さあ、次のチャレンジだ！」と切りかえられるの。つねに前だけを見て進んでいくよ☆

アクティブで切りかえ上手

内に秘めたミリョク　**燃え上がるやる気**

だれにも負けないタフな心は、あなたの最大のミリョクだよ。大きなカベがあっても何のその。乗りこえるために、「やってやろう」と熱意を燃やすよ！　その熱意をもっと表に出していくと、あなたにチャンスをもっとくれる人が増えてくるはず。その人たちにもらったチャンスは最大限に生かそう。ぐんぐん成長できていると実感できるよ♪

 あなたをかがやかせる香り

生まれた日が奇数日
1の位が1、3、5、7、9のあなた
ゼラニウム
あなたの行動力と女の子らしさをさらに引き出してくれるよ。まくら元に置いてみて。

生まれた日が偶数日
1の位が2、4、6、8、0のあなた
ローズマリー
エネルギーをくれるよ。髪にうるおいをプラスしてくれるから、リンスに少し混ぜても◎。

サラサラヘア
キレイな髪がゆれるとミリョクがアップ♡　アクティブなあなただから、行動するたびに髪を風になびかせて、まわりにアピールしよう！　おフロ上がりはすぐに髪をかわかすなど、毎日できるヘアケアを、よりていねいにするよう心がけてみて。

 みがきをかけたいボディパーツ

水曜日生まれ

いつでも冷静な物知りさん

性格
あなたはクールで、みんなを見守る立場にいることが多いよ。落ち着いているから、いざというときは、みんながあなたをたよりにしたがるの。また、新しいもの好きで、気になったものは全力で調べつくすよ。心を閉ざしてしまいがちで、本当の自分を出すには時間がかかるみたい。でも、あなたが持つはば広い知識が、みんなとの会話のきっかけになるよ！　あなたとのおしゃべりが楽しくて、たちまちみんなが引き寄せられるはず♪

内に秘めたミリョク　バッグンの記おく力

あなたは、人よりもすぐれた記おく力を持っているよ。みんなの記おくがあいまいでも、あなただけはカンペキに覚えていることがあるみたい！　その記おく力をグループワークなどでハッキできれば、みんながあなたに感謝するはずだよ。まわりの人たちが思い出せずに困っているときは、自信がないなんて思わずに、迷わず発言しよう♪

Part **11** 誕生曜日うらない

あなたをかがやかせる香り

生まれた日が奇数日　1の位が1、3、5、7、9のあなた　ペパーミント

スーッとしたさわやかな香りが、頭の回転をさらに速めてくれるよ。ひらめき力がアップ。

みがきをかけたいボディパーツ　キレイな口元

話す機会が自然と多くなるあなただから、口元のミリョクをアップできるよう意識しよう♪　ていねいに歯をみがいて、白い歯をキープして。くちびるをうるおすリップクリームも忘れずに。鏡を見ながら、キレイに左右の口角を上げて笑う練習をするのも◎。

生まれた日が偶数日　1の位が2、4、6、8、0のあなた　ベルガモット

フットワークが軽くなる、かんきつ系の香りだよ。いろいろな場所に出かけられそう。

木曜日 生まれ

太陽のような温かさ♪

性格

笑顔で場のフンイキを明るくできる、みんなの太陽のようなそんざいだよ。あなたがいるだけで空気がガラリと変わるくらい、大きなパワーを持っているの。ただし、細かいことを気にしなさすぎて、少し思いやりに欠けてしまうときも。でも、自分が悪いと思ったら、すぐに謝れる素直さもあるよ。人のせいにはしないで、自分で対応できるはず。それに、絶対に人の悪口を言わないから、あなたと話しているとみんな気持ちがいいよ♪

内に秘めた ミリョク

信らいされる素直さ

だれに対しても誠実に向き合えるところが、あなたの最大のミリョク。ウソをつかない、かくし事をしないなど、人の信用を集める行動が自然とできるよ。友だちの行動でも、だれかをキズつけたりめいわくをかけたりしていると思ったら、自分の気持ちをこまかさずに伝えられるの。みんなからそのミリョクを認められれば、信らい度もアップするよ♪

あなたをかがやかせる 香り

生まれた日が奇数日
1の位が1、3、5、7、9のあなた

グレープフルーツ

集中しすぎてつかれたときにおすすめ。心と身体を解放してバランスを整えてくれるよ。

生まれた日が偶数日
1の位が2、4、6、8、0のあなた

パチュリー

つかれたときはこの香りのオイルでマッサージすれば、次の日、思いやりたっぷりになれるよ。

ステキな後ろ姿

みがきをかけたい ボディパーツ

友だちと元気に遊びまわるあなた。遊んでいるときも女の子らしさがアピールできるように、ヒップラインをキレイに見せるよう意識して。ヒップエクササイズにも積極的にチャレンジしてみよう。そうすれば、後ろ姿がキマって見えるステキ女子になれるよ♡

金曜日生まれ

性格　あらゆる方面に関して美意識が高いよ。自分の身だしなみを気にして、しっかりと整えるのは当たり前！　見た目だけじゃなく、心も美しく保ちたいから、ケンカや人の悪口を言うなどは絶対にしないよ。そのため、他人のトラブルにも本当に関わりたくないと思っているみたい。でも、見て見ぬフリでスルーはせず、しっかりフォローは入れるやさしさの持ち主。そういう心づかいが、あなたがまわりの人から好かれるポイントでもあるの♪

内に秘めたミリョク　みんなを楽しませる力

聞き上手だから、相手の話を自然に盛り上げられるのがミリョク。まったく知らない分野の話でも楽しそうに聞いてくれるから、話しているほうも気持ちいいはず♪　あなたのミリョクをさらにハッキするために、話の内容に質問を返してみて。「それはどういう意味？」など、興味深そうに聞いてみると、あなたの印象はさらにアップするよ☆

生まれた日が奇数日
1の位が1、3、5、7、9のあなた

サイプレス

におい消しや、ダイエットの効果があるよ。おしゃれなあなたにおすすめ！

あなたをかがやかせる香り

みがきをかけたいボディパーツ　目を引く立ち姿

上品な女の子らしさを感じられるような、スッとした立ち姿を意識してみよう。美しい姿勢をキープしていれば、自然と注目されることまちがいなし！　おなかに力を入れて、身体のじくを真っすぐにするように立っていると、シェイプアップも期待できちゃう♡

生まれた日が偶数日
1の位が2、4、6、8、0のあなた

レモングラス

迷ったときにおすすめ。決断力をアップさせてくれるよ。頭の中もスッキリするはず！

土曜日 生まれ

マジメでちょっぴり天然

性格

マジメで、目標を達成するための努力をおしまない人だよ。計画を立てたらそのとおりに進めるから、グループ行動でたよりにされそう。マジメさゆえに、じょうだんを本気にして気にしちゃうことがあるかも。まわりはあなたとの軽快なやり取りを楽しみたいだけだから、気にしすぎなくてだいじょうぶ。意外とどこかぬけていて、天然なところがあるのもミリョク！　かわいらしくて、みんなから愛されるタイプだよ♪

内に秘めたミリョク

全力でトライする強さ

何事にもていねいに、そして全力で取り組む姿勢がミリョク。どんなに小さな課題でも、サボったり、楽をしたりはせず、責任を持ってやりとけるの。そのていねいさと責任感の強さを、人からたのまれ事をしたときにもハッキしよう！　あなたのミリョクに気づいてもらう、いいきっかけになるよ。そうすれば、みんなからさらに信らいされるはず☆

あなたをかがやかせる香り

生まれた日が奇数日
1の位が1、3、5、7、9のあなた
クラリセージ

マッサージするときにかぐと、いやし効果がアップ。つかれを取りのぞいてくれるよ。

生まれた日が偶数日
1の位が2、4、6、8、0のあなた
ジュニパー

考えすぎてしまうときにかいでみて。フットワークが軽くなり、ポジティブになれるよ。

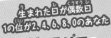

みがきをかけたいボディパーツ

キラキラの足

足がポイントになるよ。あなたをつねに美しく見せるために、つかれたときはやさしくマッサージを。大切な日のファッションは、足がしっかりと見えるスカートやショートパンツが◎。ミリョクといっしょに行動力もアップして、いいことずくめ♪

あなたのステップアップポイント

生まれた曜日とミリョクがわかったら、次は自分の弱点も知ろう。
弱さを知ってこくふくできれば、もっと理想の自分に近づけるはず！
STARTから始めて、自分に当てはまるものをaかbから選び、
同じ色の矢印にそって進んでね。

START

もし、遊びに出かけた先で迷子になったら？
- **a** 「どうしよう」と、とても不安になる
- **b** だれかが探してくれるから心配ない

「つき合ってください」と知らない男の子からメールが来たら？
- **a** 返事はしないで無視する
- **b** 「どういう人か知りたい」と伝える

友だちに「かわいいでしょ」と見せられたストラップがあなたの好みじゃなかったら？
- **a** 「かわいい！」と友だちに合わせる
- **b** 「好みじゃない」とハッキリ言う

3人で写真をとるとき、あなたの位置は？
- **a** 左右どちらか
- **b** 真ん中が多い

朝10時からオープンの人気店に行くなら？
- **a** 10時ぴったりに行く
- **b** 10時より前に行って並ぶ

友だちと意見がぶつかったら？
- **a** 友だちの意見を聞く
- **b** 自分の意見をつらぬく

リーダーに選ばれたら？
- **a** 「よーし！」と気合いが入る
- **b** 「どうしよう」と不安になる

ネイルをしたとき失敗しちゃったら？
- **a** やり直す！
- **b** うまくごまかす

どっちの勉強をがんばりたい？
- **a** 得意科目
- **b** ニガテな科目

友だちからなかなか連らくが返ってこなかったら？
- **a** もう一回連らくする
- **b** もう少し待ってみる

A B C

しんだんけっか
診断結果は
次のページへ！

あなたが気をつけるべき点は?

前ページのテストでA、B、Cの記号が出せたら、自分の誕生曜日のところにある、それぞれの記号をチェックしよう♪

日曜日 （生まれ）

A 集中しすぎて視野がせまくなりがち。冷静になろう。

B かたに力が入りすぎているみたい。リラックスして。

C 気持ちが先走りがち。まわりをよく見て行動しよう。

月曜日 （生まれ）

A 気持ちの波が大きいみたい。自分をコントロールして。

B マイナス思考になりがち。前向きに考えてみよう。

C 何でも受け身すぎるのはNG。たまには積極的に。

火曜日 （生まれ）

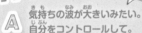

A マイペースすぎるかも。まわりのペースにも気を配って。

B キツイ言い方になるときが。やさしい話し方を意識しよう。

C あまのじゃくな態度がゴカイされやすいよ。素直になって。

水曜日 （生まれ）

A あいまいな態度を取りがち。ハッキリと言葉にしよう。

B 頭で考えすぎるみたい。ときには思いのまま行動を。

C 人の短所に目が行ってしまうみたい。長所に目を向けて。

木曜日 （生まれ）

A 時間などにルーズなのはNG。誠実な態度を心がけて。

B 自分だけでがんばりすぎるみたい。まわりの人をたよろう。

C やる前からあきらめるクセがあるよ。全力でトライして。

金曜日 （生まれ）

A 連らくがテキトーになりがち。マメに返すようにして。

B カッコつけすぎて苦しくなることが。自然体が一番だよ。

C まわりに合わせて自分を見失いがち。自主性を高めよう。

土曜日 （生まれ）

A せっかちなところが。確認はていねいにゆっくりと。

B 考えが固すぎるかも。もっとじゅうなんな発想を持とう。

C シャイすぎてチャンスをのがしそう。心を開いてみて。

Part 12

きゅんきゅん♥かわいい♥

もふもふカードでおまじない

うらない／マーヤラジャ・ディーヴァ

かわいい動物たちが持つ最大の武器は何だと思う？
それは「愛され力」！　けなげな生命力と注目を集め
るそんざい感にはだれも勝てないよね♥　そんな動物
たちが持つミラクルパワーを丸ごと借りて、お守りや
おまじないに活用しよう！

動物たちのすごい超能力!?

イヌやネコだけでなくペットとしての動物はかい主の感情を読み取り、悲しいとき、さびしいときは静かに見守ったり、なぐさめたりするんだって。イヌはすごい鼻を持つ生き物で、人間の身体の中の病気に気づくコも。またほとんどの動物は天気や地震など地球の変化を予知すると言われているよ。

動物が持つ不思議パワー

動物にはいやしの力が備わっていて、その力は人間を助けたり、すくったりするの。それをアニマルセラピーと言うよ。真ん丸の目に見つめられて、フワフワもふもふの毛並みにふれると、人は心が落ち着き、安心するんだって☆ このアニマルセラピーは、病院などで人の心のケアに大活やくしているの!

もふもふカードはお守りに♡

12種類のもふもふアニマル達はその性質や持ちょうから、それぞれ得意なパワーを持っているよ! それらをキーワードにまとめて、お守りに効くカードにしたのが、もふもふカード。願い事を思いうかべながら、ピンとくるパワーを探してね。そしてそのカードをお守りにして持てば安心♡

イヌ

イヌ

ミリョク

人間といっしょに生活する動物の中では一番古いよ。世界には4億ひきのイヌがいるんだって。その鼻は人間の数千倍するどく、人間が顔や声で人を区別するように、イヌはニオイで記憶するの。頭がよく感情が豊かで、人間を家族と思い、全力で守ろうとするため、大昔から人間に愛されてきた、心やさしいパートナー。

パワー

信じる力　友情にあつい

そばにいる　大事なものを守る

かしこい　立ち向かう強さ　愛

広い心　こだわらない　勇かん

ネコ

ミリョク

人間の食料をあらすネズミをたいじするためにかわれ始めたのがペットのネコの始まり。知能が高く、じつは人間とのコミュニケーションは得意なんだって。でも人間の言うことを聞くイヌとちがい、自分勝手で気まぐれ。あまえたと思ったら、気が向かなければ呼んでもムシ。そんなところが小悪魔のようでミリョク的。

パワー

ヒミツを守る　見る目がある

いざというときに知恵が回る

注目される　おしゃべりをしない

気分を変える　自由

Part
12

もっともっとふつカードでおまじない

シマエナガ

シマエナガ

雪だるまみたいな顔と丸々としたすがたがかわいらしく、雪の妖精と呼ばれるシマエナガは、北海道に住む小鳥。小さくて軽いので枝の先にぶらさがるのが得意で樹液が大好物。巣はクモの糸やまゆを小枝にあみこみ、羽をたっぷりしいてフワフワしているよ♪ 夜になるとその巣の中でカップルで丸くなってねむるの。

パワー

愛のために戦う　根気

喜びを分け与える　長く続ける

バランスを保つ　個性的

仲良くする　すばやい対応　器用

ウサギ

ウサギ

長い耳と発達した後ろ足が特ちょうのウサギは、ジャンプ力とダッシュ力がすごいの。にげることで身を守るからなんだって。学習能力が高く、自分にとってうれしいことはすぐに覚えるけれど、どうでもいいことは覚えないの。かい主が大好きで、見知らぬ他人はムシ。だっこはニガテでも、なでられるのは好きみたい。

パワー

注意深くなる　ピンチをさける

家族のキズナを強める　仲間を守る

新しい始まりを応えんする

いやしを与える　あまえ上手

ハリネズミ

ミリョク

ハリネズミは、ヨーロッパでは古くから「幸運のシンボル」とされて愛されていたよ。リラックスしているときはフワフワだけど、おこると背中の毛を立てて針山みたいになるのが特ちょう。手のひらにおさまるサイズとかわいいしぐさで人気。目はあまりよくないけれど、ニオイと声でかい主を覚えるんだって。

パワー

(トラブルから身を守る)
(ひとりで行動できる)(アイデアをひらめく)
(いやし)(好きキライをなくす)
(内に強いパワーを秘める)

ウリボウ

ミリョク

イノシシの子どもでコロコロもふもふ♡ 背中にシマもようがあり、ヨチヨチ歩く様子が人気。成長すると気性のはげしいイノシシになるなんて信じられないくらいのかわいさだよ♪ このすがたでいられるのは生後4カ月くらいまでなんだって。1ぴきでは弱いので、仲間とぴったりくっついて行動するよ。

パワー

(まっすぐ進む)(助け合う)
(協力する)(乗りこえる強さを持つ)
(戦う)(へこたれない)(変身する)
(成長する)(用心深くなる)

ハムスター

ハムスター

ミリョク

小さなカラダでちょこまかと登り、走る様子がたまらなくかわいい♡つぶらなひとみと小さな手足もミリョクだね。最大の特ちょうは、食べ物をためておける「ほほぶくろ」を持つこと。ほほをふくらませてほおばる様子が人気。耳がよく、かすかな音も聞きのがさないよ。かい主のことも声や足音で覚えるんだって。

パワー

細かいことに気がつく

整理整とんができる　チームワーク

するどい感性　仲間を増やす

キケンを察知する能力

カワウソ

カワウソ

ミリョク

水と陸の両方で生活するカワウソ。人気のコツメカワウソは一番小さい種類。遊ぶことが大好きで、水や坂があると自分で楽しい遊びを発明するよ。人間になれるのが早く、サカナをとる漁で、人間のパートナーとして活やくする国もあるんだって。またカップルになると、すごく仲良し。強いキズナで結びつくの♡

パワー

自由　楽しいことを思いつく

アイデアが豊か　好奇心　探求心

ゲーム感覚　キズナを深める

ミリョクが花開く　両思い

シロクマ

シロクマ

ミリョク

正式にはホッキョクグマ。地上最大の肉食獣と言われているけれど、その赤ちゃんはまるでぬいぐるみのような愛らしさ♡ ぬいぐるみと言えば真っ先に「クマ」を思いうかべる子は多いはず！ 大きな前足がかわいいしぐさのポイント。北極に住み、サカナをエサにしているので泳ぐのに向いた大きな前足に発達したの。

パワー

たのもしい リーダーシップ
自信を持つ ガマン強い たえる
くじけない 家族のキズナ
行動力がある おおらか 夢を持つ

フクロウ

フクロウ

ミリョク

その昔「不苦労」と呼ばれて神の使いとあがめられたフクロウは、タカと同じ肉食のトリ。顔が丸いのは顔全体がアンテナの役割をしてえものの音を集めているからなんだって。目のよさは人間の100倍！ 夜行性で夜にえものに気づかれないように、音もなく飛ぶよ。そのために羽はしなやかでやわらかくもふもふなの♡

パワー

近づく 直感がさえる 知恵
真実を見つける キセキを起こす
かくれているものを見ぬく
変化を起こす 道を示す

もっふもっふカードでおまじない

231

アザラシ

ミリョク

寒い場所に住む動物はこごえないようにフワフワもふもふになるよ。アザラシも極上のなめらかな毛並みところんとしたすがたで人気の動物♡アザラシは好奇心が強く、人間のことも興味しんしんで近づいてくるの。ピュアなまなざしで人間と仲良くなろうとするところに、ほうっておけないかわいさがあるよ♡

パワー

好奇心	興味を持つ	生きる力
命を守る	未来を切り開く	
いやし	疑わない心	公平
手を差しのべる	助ける	

ペンギン

ミリョク

小さな羽と短い足をパタパタさせて歩く様子が、ユニーク♪ カレらが集団行動する理由は、他の肉食動物におそわれないようにするため。けいかい心が強く、海へ入るときにはまず1羽が飛びこみ、安全確認をした後、残りの仲間が飛びこむの。親が狩りに出かけている間は他のペンギンが子どもたちを守るよ。

パワー

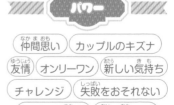

仲間思い	カップルのキズナ
友情	オンリーワン	新しい気持ち
チャレンジ	失敗をおそれない
ルールを守る	愛を与える

もふもふカードでおまじない

恋

☑ ステキな出会いがほしい

ステキなカレと出会いたいときは、恋の運気を引きよせるのが一番。「ウリボウ」と「アザラシ」のカードにお願いしてね。ピンク色のふくろにこの2枚のカードを入れて持ち歩けば、あなたの元へ恋を運んでくれるはず。

☑ カレに接近できる

大好きなカレにもっと近よりたいときは、「ネコ」「ウサギ」のカードから気になるものを1枚選んで、花がらの便せんかティッシュに包んで、ポケットへ。ラブハプニングが起こりやすくなり、きっかけをつかめるよ。

☑ ライバルに負けない

恋のライバル登場でモヤモヤしたら、ライバルに負けないミリョクを身につけよう。「カワウソ」をふだん使っている鏡か好きな手鏡のウラにはって。その鏡で笑顔の練習をするといつかキラキラ笑顔に☆

☑ カレと仲直り できますように

「ペンギン」にお願いしてキズナを取りもどしてもらおう。銀色のブレスレットを用意して。「ペンギン」の上にネックレスのチェーンをハートの形に置いて、しっかりお願い。そのときカレと仲良く笑い合っているシーンを思いうかべてね。

☑ カレと話す勇気が出る

カレに思い切って話す勇気がほしいけど、言葉がうまく出てこない……。そんなときのお助けアニマルは「シロクマ」。大好きなラブストーリーのマンガや物語にこのカードをはさんでおいて。きっかけの言葉をあなたに教えてくれるよ。

☑ カレとデートしたい♡

手を貸してくれるのは人なつっこい「アザラシ」だよ！ピンクの便せんにカレの名前と「invitation」と書いて、「アザラシ」のカードといっしょにふうとうに。これをお気に入りのバッグに入れておこう。次の日、カレに話しかけてね。遊びにいこうとさそうのが◎。

☑ 告白が成功する

「ネコ」のパワーを信じてお願いしよう。むねポケットのある服に着がえて、ポケットにカードを入れ、なるべく大きな木にハグするの。その木に、告白成功をいのってみてね。ネコと木のダブルパワーで応えんされるよ。

友

☑ 新しい友だちがほしい

新しい友だちは、あなたに新しい世界へのとびらを開いてくれるもの。「カワウソ」「シマエナガ」「ペンギン」のカードを、まだ使っていない真っ白なノートの1ページ目に並べて、どんな友だちがほしいのかカードに話してね。

☑ 友だちを増やしたい

コミュニケーション力がアップすると、友だちの輪が広がるもの。話し上手になって、友達を増やしていこう！　用意するものはみつあみにした水色の毛糸と「シマエナガ」と「ウサギ」。小さなポーチに入れて持ち歩いてみて。話しかけやすくなるよ！

☑ ゴカイが解ける

だれかにゴカイされちゃった……。そんなときは、「ウサギ」「アザラシ」「ペンギン」のカードを三角形に並べて、グリーンのリボンか糸でぐるりと囲って「ゴカイが解けますように」ととなえて。

☑ 友だちと仲直りしたい

大切な友だちとケンカしちゃった。そんなときは、「ペンギン」「フクロウ」「イ犬」の3枚のカードに仲直りしたい人の名前とあなたの正直な願いを話してみて。聞いてもらうつもりで話しているうちに仲直りする方法が頭にうかぶよ。謝る勇気もね。

ゴカイが解けますように

学校

☑ 先生とうまくいく

白い紙に先生の名前を書いて、その紙を「カワウソ」「ペンギン」の2枚ではさむよ。どちらも絵を先生の名前に向けてね。ピンクの糸でグルグル巻きにして、机の引き出しに。ねる前に願いをとなえればOK。

☑ リーダーシップを取る

大事な話し合いがある前日、「ハリネズミ」「シロクマ」の2枚のカードにお願いしよう。両手に1枚ずつ持って、友だちに話しかけるようにカードたちに話して予行演習。これで最強のパワーがあなたをサポート☆

☑ チームワークをよくする

「ウリボウ」「ハムスター」「カワウソ」の3枚のカードが友だちやクラスメイトとのキズナを深めてくれるよ。3枚をたとえばランドセル、ペンケース、給食袋というふうに、別々の入れ物に分けて学校へ。3枚が協力するパワーが生まれ、チームワークをよくするアイデアがうかぶよ♪

☑ 苦手な子にバイバイ

近づいてほしくない、いじられたくない相手がいたら、「イヌ」にお願い。番犬の役目があるくらい、イヌは人を守ってくれるそんざい。苦手な人の名前を「イヌ」に教えて守ってもらおう。

☑ 授業に集中できる

成績を上げるには授業をしっかり身につけること。でもあまりよくわからなかったらやる気もダウン。そこで「カワウソ」「シマエナガ」「フクロウ」といっしょに授業に集中！ノートの一番後ろ、ウラ表紙の内側に3枚をはさめばOK。

☑ 運動能力をアップ！

もしも運動が苦手だったら、しなやかな「ネコ」の才能にあやかろう。運動する前に「ネコ」のカードの表面に右手を置き、左手はおでこに。目をつむって願い事をとなえて。

速く走れますように

☑ テストで実力ハッキ

大事なテストのときにドわすれしたり、思いがけない失敗をしないように、森の賢者という別名を持つ「フクロウ」に守ってもらおう。勉強机にかざって勉強を見守ってもらい、テストのときにはペンケースに入れておこう♡

☑ 試合で活やくする

大事な試合の前には「ウリボウ」と「イヌ」のカードを両手ではさみこむように持って、自分に気合を入れよう。この2枚はあなたの中にあるファイトを熱くもやしてくれるはず！

金運

☑ 金運を上げたい

金運はほうっておくとダウンしちゃう運気の1つ。でも「フクロウ」が増やし方を教え、「ウサギ」が富を招き、「ハリネズミ」がムダ使いをおさえてくれるよ! この3枚のカードにふだんからよくお願いしておこうね。

☑ くじ運をよくしたい

くじ運をつかむのは思いがけないチャンスをつかむということ。「ハムスター」は小さな穴を通る能力を示すからピッタリのカード。晴れた日の朝、カードを太陽に当てれば、金運のお守りに。

☑ 貯金を続ける

お金を貯めるのはとても大事なのに、つい使いたくなっちゃう。そこで「アザラシ」と「シロクマ」に貯金を守ってもらおう♪ 貯金箱の近くにこの2枚を置いてね。さらに貯金をするたびに手帳につけると◎。

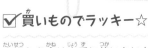

ラビッツ・フット

☑ 買いものでラッキー☆

大切なお金は上手に使いたいもの。そこで買いものの前に、ラッキーにめぐまれるおまじないをかけよう。ヨーロッパで幸運のシンボルとされる「ウサギ」をむねに当てて、「ラビッツ・フット」ととなえるだけ。

☑ 個性的になりたい！

キラキラ光るアイテムを1つ用意して。ペンでもアクセでも何でもOK。そのアイテムと「**ネコ**」「**ウリボウ**」の2枚のカードをいっしょに1つの袋に入れて、まくら元に。ぐっすりねむったら個性がアップ♡

☑ 注目を集める

まず黄色のペンで大きめの☆をかいて。☆の真ん中に「**ハムスター**」を置いて、「ルルリルリル」ととなえて。このおまじないを毎週火曜日の夜、ねる前に行うと◎。だんだん目立つそんざいに♪

ルルリ
ルリル

☑ チャームアップ♪

チャームアップには理想にしたいモデルがあるとベスト。あなたが好きなタレントやキャラがのっている本やマンガ、雑誌を用意して「**シマエナガ**」をはさんで。一晩たったら、カードはチャームアップのお守りに♡

☑ 笑顔で明るく

はずかしがり屋でなかなか笑顔が出ない子は「**アザラシ**」の好奇心を身につけるといいよ♡　夜9時に「アザラシ」を3回なでながら「スマイル・スマイル・スマイル」ととなえて。次の日から明るいオーラがあなたを包むよ。

その他

☑ チャンスをゲット！

チャンスをつかみたいときは「アザラシ」「ペンギン」「ウリボウ」がおすすめ。カレらはタイミングをのがさない動物たち。この3枚から好きなカードを選んで、目をつむって頭の上にかざせばチャンスに強くなるよ。

☑ 魔よけのおまじない

何かむなさわぎがする、行きたくない場所がある……そんなイヤな予感があるときは、魔よけのおまじない。小さなふくろに「イヌ」「ネコ」「ハリネズミ」のカードを入れて。カレらはナイトのようにあなたを守ってくれるはず。

☑ 家族が仲良くなる

親子でも考え方はちがうもの。仲良くしたいのに、つい反抗しちゃう……。反省したら「ウサギ」「イヌ」「ネコ」のカードをお守りに。カレらは家族のつながりをとても大切にし、いいバランスを保ってくれる動物だよ。

☑ いいことが起きる

あなたの一番好きなカードを幸運のパートナーにするおまじないだよ。好きな1枚を選んだら、金曜日の夜にあなたといっしょに月の光をあびること。そのカードを銀色の折り紙に包んで持ち歩けばあなたのラッキーカードに♡

神秘のカードからのメッセージ☆

タロットカード

うらない

うらない／森井ゆうも

うらないの中でも、とくに人気があるタロットカード。
そんなタロットを自由に使いこなすことができれば、
ちょっとしたなやみごとや毎日の運気だけでなく、自
分の運命まで丸わかり！　さぁ、あなたのそのおなや
みも、タロットカードに聞いてみて♪

タロットカードって？

タロットカードは、昔ヨーロッパから伝わったと言われるカードだよ☆　1枚1枚に神秘的で美しいシンボルがかかれていて、それぞれに意味がこめられているの。タロットうらないでは、カードを並べて出た絵柄によって運勢を見るよ♪　ここでは、「大アルカナ」という22枚のカードを使ったうらない方法と、カードが示すキーワードをしょうかい！

タロットうらないの基本

始める前に

心を落ち着かせる

きんちょうしていたり、「こんな結果が出てほしい！」と念じてしまったりすると、正しい答えが出ないことも。できるだけリラックスしながら、頭を空っぽにして始めよう。

静かな場所でやる

1人になれる、静かな場所がおすすめ。集中するためにドアや窓はしめてね。だれかをうらなってあげるときにも、なるべく他の人がいない場所でやろう。

机とイスを用意する

カードを広げるから、机の上は片づけておこう。背すじをのばしてきちんとイスに座るよ。足を組むのは×。机の上に、テーブルクロスをしくとベスト。大きめのハンカチでもOK。

1

22枚のカードを全部ウラ向きのまま重ねて、1つの山にするよ。

2

何も考えずに、両手でカードの山をくずして左回りにまぜよう。これをシャッフルと言うよ。

3

タロットへの質問を思い浮かべながら、今度は右回りにシャッフル。集中して好きなだけまぜよう。

4

カードをまとめて、トランプのようにカットしよう。広い机がないときは、ここから始めてもOK。

5

十分にカードをカットしたら、どちらを上に、どちらを下にするか決めるよ。このときカードの表を見ないこと！

6

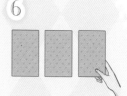

上下に気をつけて、1枚ずつカードを並べよう。タロットの並べ方はスプレッドといって、うらなう内容で変えるよ。

> スプレッドの種類はp246から説明するよ！

7

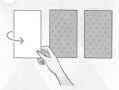

1枚ずつカードをめくろう。このとき、上下が反転しないように、横にめくってね。

正位置と逆位置

正　逆

あなた

並べたカードの絵が、あなたのほうを向いていることを「正位置」、さかさまになっていることを「逆位置」と言うよ。正位置と逆位置では、同じカードでも意味が変わるから注意！

> カードの意味はp265から説明するよ！

タロットへの質問の決め方

タロットは今起きている出来事に対して、
何をすればいいかをうらなうのが得意☆　質問は具体的なものがおすすめ！
「これからどうなる？」ではなく、自分がどうなりたいか、
理想の結果に近づけるために何をしたらいいのかを質問しよう♡

♡ ラブ ♡

恋の運気についてざっくりと質問をするより、恋がうまくいく方法やアタック方法、カレがほしいなら、カレを作るための方法などを具体的に聞くと◎。

例

✕ わたしの今のラブ運は？

○ ○○君と両思いになるために、わたしはどうすればいい？

フレンド・対人

周りの人との関係で知りたいことは、相手がどう思っているかということのはず。相手がどうしてほしいかを知れば、対応法もわかるはず！

例

✕ ○○ちゃんとケンカをしたけどきらわれたかな？

○ ○○ちゃんと仲直りするためには、どう謝ればいい？

学校・勉強

学校生活や勉強もただうまくいくかどうかをうらなうより、せっかくなら、いい結果を自分でつかみ取るための方法を聞いてみよう♪

例

✕ 明日のテストでいい点取れる？

○ 明日のテストでいい点を取るには、どんな勉強法がいい？

運命

未来がどうなるかをうらないたいときは、まず自分の理想の未来を想像することが大事だよ！そして、その未来に近づけるための方法を聞くと◎。

例

✕ もうすぐおこづかいは上がる？

○ おこづかいを上げてもらうためには何をすればいい？

タロットうらないQ&A

Q タロットカードでわかる未来は、いつぐらいまでのこと？

A だいたい3ヵ月くらいと言われているよ。遠い未来のことをうらなうときは、自分の理想の未来に近づけるためにはどうすればいいかを質問しよう！

Q タロットカードで正確にうらなうには？

A うらなえばうらなうほど、的中率は上がっていくよ！ 使うほどにタロットカードがあなたの手になじんで、うらなうほどにカードの読み方を覚えられるから、コツをつかめるはず☆

Q 悪いカードが出たらどうすればいい？

A タロットが示すのは、「このままだとこうなるかも」という可能性だよ。悪い結果が出た場合は、そうならないように自分の行動や心がけを変えることが大事！ 逆に、いい結果が出たからといって油断して何も努力をしないのも×。

Q 人をうらなうときのコツは？

A 相手のなやみを聞いたら、自分をうらなうときと同じように、質問を整理することが大事！ また、シャッフルやカットは相手にやってもらうと、いっしょに楽しめるよ♪

Q 1日に何回うらなってもいいの？

A 同じ質問は1日1回まで！ 結果が気に入らないからといって、同じ質問で何回もうらなったり、並べ方（スプレッド）を変えてうらなったりするのは×。ちがう質問なら、1日に何回うらなってもOKだよ。

まずはこれから覚えよう！

ワンオラクル

One Oracle ☆

カードが示すもの

運気　今の状態
人の気持ち　問題の原因
アドバイス　など

診断はカードの意味から

うらなって出たカードは、正位置、逆位置を確かめてからp265 ～「タロットカード大アルカナ22枚の意味」を見てね。それぞれのカードのキーワードを読み、ピンとくる言葉を選べば、それが答え！

スプレッドの特ちょう

質問に対して、1枚だけカードを引くシンプルなうらない方。1枚のカードで結果を導くので、自分や相手の気持ち、目標や計画の結果予想などシンプルな答えをパッと知りたいときにおすすめ。

うらなう手順

1

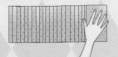

p243の「うらなう準備」をしたら、カードの山をすべらせるように1列に並べる。

2

気になるカードを1枚引いて、表向きにする。

1のように1列に広げて選ばなくても、山をパッと2つに分けて出たカードでもOK！

質問1 明日1日の運勢は?

出た
カードが…

① 運気

XIV 節制

節制（正）

「節制」運気の△欄のキーワードを見るよ。
☑ 規則正しい生活　☑ アートに親しむと◎
☑ 水のある場所に縁あり

診断 早起きでラッキー
明日はねぼうしないで、朝早く起きられそう！　学校の日なら図工や音楽の授業をがんばったり、お休みの日なら美術館に行ったり、音楽を聴いたりして過ごすとラッキー♪　川や海、ふん水のある公園など、水がある場所に行くといいことがあるかも☆

質問2 あの子と仲良くなるにはどうすればいい?

出た
カードが…

① アドバイス

XI 正義

正義（正）

「正義」フレンド・対人の△欄のキーワードを見るよ。
☑ まじめな態度が好かれる
☑ ものの貸し借りが◎　☑ 無理のない関係

診断 誠実さをアピール
その子と接するときには、誠実さをアピールして、真面目にふるまおう♪　それから、おすすめの本を貸してあげたり、困っていたら自分の持ちものを貸してあげたりすると仲良くなれるかも☆　でも、自分をよく見せようとしてムリをするのは×だよ！

質問3 好きな人ができない。どうしたら恋ができる?

出た
カードが…

① 問題の原因

隠者（逆）

「隠者」ラブの▼欄のキーワードを見るよ。
☑ しんちょうになりすぎる　☑ 心を閉ざす
☑ 疑い深い

診断 心を開いて接して
恋をしたい気持ちがありながらも、勇気が出なくて、しんちょうになってるみたい。好きな人を作るには、自分から心を開いて、積極的に行動する必要がありそう！　相手を信じることで、恋のきっかけがつかめるかも☆

Part
13

タロットカードうらない

\わかりやすい答えを知りたいときに!/

スリーカード

Three cards ☆

カードが示すもの

運気の流れをうらなうとき	過去	現在	近未来
なやみの解決方法をうらなうとき	原因	結果	アドバイス
判断をうらなうとき	イエス	ストップ	ノー

スプレッドの特ちょう

質問に対して、3枚のカードを引くうらない方。うらないたい内容がハッキリしていて、状況をくわしく知りたいときに。運気の流れを知りたい場合は「①過去 ②現在 ③近未来」、なやみの解決方法が知りたい場合は「①原因 ②結果 ③アドバイス」、判断をしたい場合は「①イエス ②ストップ ③ノー」など、うらないたいことに応じて3つの答えを変えられるよ!

うらなう手順

1

p243の「うらなう準備」をしたら、カードの山をすべらせるように1列にして並べる。

2

気になるカードを1枚選んで置き、右に2枚目、3枚目と並べてすべて表向きにする。

質問4 友だちとケンカをしちゃった。どうすればいい?

出たカードが…

① 原因 愚者(逆)

② 結果 塔(逆)

③ アドバイス 隠者(正)

「愚者」フレンド・対人の▼の欄のキーワードを見るよ。
- ☑ 自分勝手なふるまい
- ☑ 人にたよりすぎる
- ☑ 約束をやぶる

「塔」のフレンド・対人の▼の欄のキーワードを見るよ。
- ☑ まちがいを正される
- ☑ ゴカイ
- ☑ 関係が悪化する

「隠者」のフレンド・対人の△の欄のキーワードを見るよ。
- ☑ れいぎ正しい ☑ いいアドバイスをくれる人との出会い ☑ かしこい友だち ☑ ずっと年上の人

診断 他の人の意見も聞いて自分から謝ろう

友だちは、あなたの自分勝手な行動や人任せなところ、約束を守らないところにおこっているのかも。それで友だちはあなたにきついことを言って、ケンカに。仲直りのためには、かしこい友だちや年上の人に相談して、今回はきちんと自分から謝るのが◎。

質問5 習い事をやめたい。今やめてもいいかな?

出たカードが…

① イエス 今すぐやめた場合 審判(逆)

② ストップ 判断を後回しにした場合 吊られた男(正)

③ ノー やめずに続ける場合 太陽(正)

「審判」学校・勉強の▼の欄のキーワードを見るよ。
- ☑ 自信が出ない ☑ そんをする ☑ 取り残される

「吊られた男」学校・勉強の△の欄のキーワードを見るよ。
- ☑ じっとガマンする
- ☑ 毎日の積み重ね

「太陽」学校・勉強の△の欄のキーワードを見るよ。
- ☑ 表彰される ☑ やりがいのある役を任される

診断 がんばって続けたほうが成果が出るよ

今すぐやめると、自信を失ったり、後かいしたりする可能性が。まだ迷っている場合は、ガマンして練習を重ねれば努力が実りそう! そして、これからも続けようと決意した場合、実力がついて表彰されるほどの結果を残せるかも♪

Part 13 タロットカード・うらない

！相手との関係を知りたいときに！

ダイヤモンドクロス
Diamond cross

4 ふたりの行方

カードが示すもの ↓

あなたの気持ち **1**

2 **相手の気持ち**

3

ふたりの状況

スプレッドの特ちょう

4枚のカードをダイヤモンド型にたとえたスプレッド。自分と相手の今の関係や、これからどうなるかについて、シンプルな答えを出すことができるよ。

うらなう手順

p243の「うらなう準備」をしたら、①〜④の順番でカードを並べ、表向きにする。

出たカードが…

①

あなたの気持ち

魔術師(逆)

「魔術師」ラブの▼の欄のキーワードを見るよ。

☑ 気持ちをうまく伝えられない
☑ 勇気が出ない

②

相手の気持ち

節制(正)

「節制」ラブの△の欄のキーワードを見るよ。

☑ ピュアな恋　☑ ひかえめ
☑ 気持ちをおさえる

③

ふたりの状況

星(正)

「星」ラブの△の欄のキーワードを見るよ。

☑ 恋のめばえ　☑ 愛にあふれる未来
☑ 気持ちがぴったり合う

④

ふたりの行方

世界(正)

「世界」ラブの△の欄のキーワードを見るよ。

☑ 両思い　☑ ベストカップル
☑ まわりからの祝福　☑ 最高の相性

診断 好きだけどガマンしているみたい!?

　あなたもじつはカレのことが気になるけど、話しかける勇気が出ないみたい。カレのほうもあなたに恋をしているけど、気持ちをおさえている様子。今の2人は、恋が生まれそうな状態♡ 心はぴったり合っているから、きっかけさえあれば、あこがれられるカップルに!

＼なやみの解決方法を知りたいときに！／

ギリシャ十字

Greek Cross

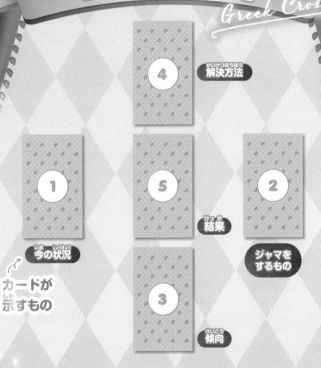

4 解決方法

1 今の状況

5 結果

2 ジャマをするもの

カードが示すもの

3 傾向

スプレッドの特ちょう

5枚のカードをキリスト教の十字のように置いて、問題を大まかに分析するうらない方。困ったことが起きたときに、どうすればいいかなやんだときにおすすめのスプレッド。

うらなう手順

p243の「うらなう準備」をしたら、**1**〜**5**の順番でカードを並べ、表向きにする。

質問7 どうしても勉強のやる気が出ない。どうすればいい?

出たカードが…

1

今の状況
女帝(逆)

「女帝」学校・勉強の▼欄のキーワードを見るよ。

☑ やる気が出ない
☑ 成績が上がらない

2

ジャマをするもの
正義(逆)

「正義」学校・勉強の▼の欄のキーワードを見るよ。

☑ いそがしい学校生活
☑ つかれがたまる習い事

3

傾向
魔術師(逆)

「魔術師」学校・勉強の▼欄のキーワードを見るよ。

☑ 自分に合わない勉強方法
☑ 計画だおれ

4

解決方法
戦車(正)

「戦車」学校・勉強の△の欄のキーワードを見るよ。

☑ 先生への積極的な質問
☑ 新しい塾・勉強方法

5

結果
恋人(正)

「恋人」学校・勉強の△の欄のキーワードを見るよ。

☑ 好きな科目の成績が上がる
☑ 得意科目が増える

診断 勉強のやり方を変えてみよう!

成績アップをジャマするのは、毎日のいそがしさやつかれだよ。勉強方法や計画があなたに合っていない可能性も。先生にわからないところを質問したり、勉強の方法を変えてみたりしよう! やり方を変えれば、好きな教科はもちろん、それ以外の成績もアップするかも♪

Part
13
タロットカード・うらない

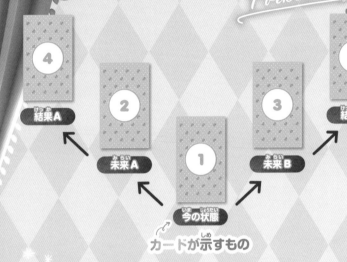

スプレッド **5**

＼2つで迷っているときに！／

2本の分かれ道

Forked Road

4 結果A

2 未来A

1 今の状態

3 未来B

5 結果B

カードが示すもの

スプレッドの特ちょう

今の状況を表すカードを中心にして、左右2つの道に分かれるようにカードを置いていくうらない方。**A**と**B**の2つの未来を予想する方法だよ。2枚の未来のカードをうらない、それぞれの結果のカードの意味を見て、どちらの道を選ぶか決めよう。

うらなう手順

1 迷っている2つの答えを思い浮かべて内容をはっきりさせ、どちらを**A**に、どちらを**B**とするか決めておく。

2 p243の「うらなう準備」をしたら、①～⑤の順番でカードを並べていく。

254

出たカードが…

①

今の状態
死神（逆）

「死神」逆位置の▼の欄のキーワードを見るよ。

☑ さえないとき ☑ たいくつ
☑ 気長に待つことが◎

②

未来Ⓐ
皇帝（逆）

「皇帝」逆位置の▼の欄のキーワードを見るよ。

☑ 体調が悪い
☑ つかれやすい

③

未来Ⓑ
審判（正）

「審判」正位置の△の欄のキーワードを見るよ。

☑ 復活 ☑ 体調がよくなる

④

結果Ⓐ
悪魔（正）

「悪魔」正位置の△の欄のキーワードを見るよ。

☑ 不調 ☑ 体調をくずす

⑤

結果Ⓑ
力（正）

「力」正位置の△の欄のキーワードを見るよ。

☑ 強いエネルギー ☑ スタミナ十分

診断 行くと体調悪化するよ

今はたいくつだけど気長に待つしかないみたい。未来Ⓐはつかれやすく体調悪化しそうだけど、未来Ⓑは復活を表しているから未来Ⓑを選んで、結果Ⓑを見よう。スタミナが十分戻るのが未来Ⓑのための条件ということ。友だちと遊ぶのは元気になってから。

なやみの**解決方法**を**知**りたいときに！

ヘキサグラム
Hexagram

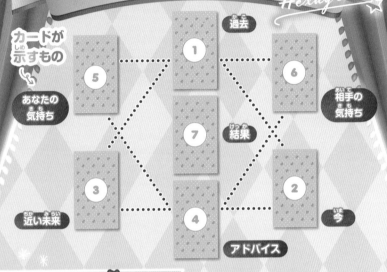

カードが示すもの

5 あなたの気持ち

1 過去

6 相手の気持ち

7 結果

3 近い未来

2 今

4 アドバイス

スプレッドの特ちょう

7枚のカードを、「六ぼう星」という星の形にたとえたスプレッド。六ぼう星は英語でヘキサグラム。時間の流れを表す三角形と、あなたと相手の気持ちを表す三角形が重なるので、恋や人間関係をうらないたいときにおすすめ。

うらなう手順

1
p243の「うらなう準備」をしたら、①〜③の順番で、時計回りに三角形になるように3枚並べる。

2
続けて④〜⑥の順番で、時計回りにカードを3枚並べる。

3
最後に、中央に7番目のカードを1枚置く。

出たカードが…

①

過去
運命の輪（逆）

「運命の輪」フレンド・対人の▼の欄のキー
ワードを見るよ。
☑ 反抗的な態度　☑ おせっかい

②

今
女司祭（逆）

「女司祭」フレンド・対人の▼の欄のキー
ワードを見るよ。
☑ わがままな態度　☑ 自己中心的

③

近い未来
月（逆）

「月」フレンド・対人の▼の欄のキーワード
を見るよ。
☑ 同情・やさしさがアダとなる
☑ お母さんとのケンカ

④

アドバイス
愚者（正）

「愚者」フレンド・対人の△の欄のキーワー
ドを見るよ。
☑ そくばくしない自由な関係
☑ おたがいにマイペース

⑤

**あなたの
気持ち**
司祭（正）

「司祭」フレンド・対人の△の欄のキー
ワードを見るよ。
☑ 相手の立場に立って考える　☑ 心
が広い　☑ 困ったときの救いの手

⑥

**相手の
気持ち**
節制（逆）

「節制」フレンド・対人の▼の欄のキーワー
ドを見るよ。
☑ 思いこみ　☑ プライドが高い
☑ 理解されない

⑦

結果
太陽（正）

「太陽」フレンド・対人の△の欄の
キーワードを見るよ。
☑ 仲直り　☑ 目上の人に好かれる

診断 **お母さんの言葉を聞いてあげて**

最近、お母さんに反抗的な態度を取っ
ているみたい。お母さんの小言にイライラし
て、それが関係悪化の原因に。注意ばかりさ
れたらいやな気持ちになるかもしれないけど、
あなたのことを思って言ってくれているとい
うことを忘れないで！　素直に聞いて、一度
お母さんを安心させてあげるのが正解だよ。

\問題の原因・変化・解決方法を知りたいときに!/

ホースシュー

Horseshoe ☆

過去　①

②　今

③　近い将来

④　アドバイス・対策

⑤　まわりの状況

⑥

ジャマをするもの

⑦　結果

カードが示すもの ➔

スプレッドの特ちょう

7枚のカードを、ウマのひづめにつける「ホースシュー」の形に並べるスプレッド。ホースシューは、幸運のお守りにされる形だよ。何か問題が起きたときに、その問題が起きた原因から、解決方法を導くよ。

うらなう手順

p243の「うらなう準備」をしたら、①〜⑦の順番でカードを並べ、表向きにする。

診断例 **質問10** 友だちとクラスがはなれちゃった。
これからも仲良くするには？

出たカードが…

① 過去 女帝（正）

「女帝」フレンド・対人の△の欄のキーワードを見るよ。
- ☑ 温かい友情
- ☑ いい人間関係

② 今 死神（正）

「死神」フレンド・対人の△の欄のキーワードを見るよ。
- ☑ 親友とはなれる
- ☑ 新しい友だち

③ 近い将来 太陽（正）

「太陽」フレンド・対人の△の欄のキーワードを見るよ。
- ☑ 友情が育つ
- ☑ 思いどおりの人間関係を築く

④ アドバイス・対策 愚者（正）

「愚者」フレンド・対人の△の欄のキーワードを見るよ。
- ☑ そくばくしない自由な関係
- ☑ おたがいにマイペース

⑤ まわりの状況 魔術師（正）

「魔術師」フレンド・対人の△の欄のキーワードを見るよ。
- ☑ 友だちが増える
- ☑ 個性豊かな友だち

⑥ ジャマをするもの 星（逆）

「星」フレンド・対人の▽の欄のキーワードを見るよ。
- ☑ 遊びの計画が流れる
- ☑ 約束をやぶる
- ☑ 今の友だちにあきる

⑦ 結果 世界（正）

「世界」フレンド・対人の△の欄のキーワードを見るよ。
- ☑ 友情の努力が実る
- ☑ 何でも言える仲
- ☑ 大親友

診断 これまでと同じように接して！

クラスが変われば、おたがいに新しい友だちが増えて、前のように遊べなくなるかも。でも、親友をそくばくするのは×。約束を守るなど、これまでと同じように友だちを大事にすれば、はなれていたって友情は深められるよ。何でも言い合えるような信らい関係を築いていこう♪

Part 13

タロットカードうらない

259

\自分や相手の心を深く知りたいときに!/

ケルト十字

Celtic Cross ☆

カードが示すもの

自分or相手の
考え方
3

自分or相手の
今の状況
1

自分or相手に
とってのカベ
2

自分or相手の
近い未来
6

自分or相手
の過去
5

自分or相手の
本音
4

最終結果
10

変化の可能性
9

自分or相手の
まわり
8

自分or相手の
立場や表面
7

スプレッドの特ちょう

10枚のカードを細かく設定したスプレッド。人の表向きの部分と、本音の部分がよくわかるうらない方だよ。自分自身の心と向き合いたいときや、相手の本心を知りたいときにおすすめ。

うらなう手順

p243の「うらなう準備」をしたら、**1**〜**10**の順番でカード並べ、すべて表向きに。
※ **2**はカードの右側が下側とする（表は見ちゃダメだよ！）

診断例 質問11 せっかく両思いになったのに、カレがそっけない……どうして？

出たカードが…

① 自分or相手の今の状況
恋人（正）

「恋人」ラブの△欄のキーワードを見るよ。
- ☑ 恋がかなう
- ☑ あなたにベタぼれの相手

② 自分or相手にとってのカベ
司祭（逆）

「司祭」ラブの▼欄のキーワードを見るよ。
- ☑ 他人にジャマされる
- ☑ かくす恋

③ 自分or相手の考え方
正義（正）

「正義」ラブの△欄のキーワードを見るよ。
- ☑ おだやかな関係
- ☑ やさしい相手

④ 自分or相手の本音
愚者（正）

「愚者」ラブの△欄のキーワードを見るよ。
- ☑ 自由な恋
- ☑ 恋をかくさない

⑤ 自分or相手の過去
星（正）

「星」ラブの△欄のキーワードを見るよ。
- ☑ 恋のめばえ
- ☑ 愛にあふれる未来

⑥ 自分or相手の近い未来
力（正）

「力」ラブの△欄のキーワードを見るよ。
- ☑ 真実の愛　☑ 強い思い
- ☑ 勇気がある

⑦ 自分or相手の立場や表面
魔術師（逆）

「魔術師」ラブの▼欄のキーワードを見るよ。
- ☑ 進展しない恋　☑ 気持ちをうまく伝えられない

⑧ 自分or相手のまわり
女司祭（逆）

「女司祭」ラブの▼欄のキーワードを見るよ。
- ☑ 思いやりがない
- ☑ わかってもらえない

⑨ 変化の可能性
戦車（逆）

「戦車」ラブの▼欄のキーワードを見るよ。
- ☑ ライバルの出現　☑ 失恋
- ☑ あせって失敗する

⑩ 最終結果
皇帝（逆）

「皇帝」ラブの▼欄のキーワードを見るよ。
- ☑ 意地っぱり　☑ すぐ終わる恋　☑ 告白の失敗

診断 カレの前ではあなたがリード

カレはあなたとの恋が実ったことを幸せに感じているよ♡　でも、カレのまわりにはジャマする友だちがいそう。カレはなかなか素直な気持ちを伝えてくれないけれど、強い思いがあるのは本当。あなたがリードするのが正解。ただし将来ライバルが現れるキケンも。カレの前では素直でいると◎。

\1年間の運気をうらないたいときに!/

ホロスコープ
Horoscope

カードが示すもの

12月の運気
12

11月の運気
11

10月の運気
10

9月の運気
9

8月の運気
8

1月の運気
1

7月の運気
7

2月の運気
2

3月の運気
3

4月の運気
4

5月の運気
5

6月の運気
6

スプレッドの特ちょう

12枚のカードを、西洋の星うらないで使う「ホロスコープ」になぞらえて並べるスプレッド。1年間の毎月の運気を細かく見ることができるよ。元日や誕生日などにやるのがおすすめ!

うらなう手順

p243の「うらなう準備」をしたら、① 〜 ⑫ の順番でカードを並べ、表向きにする。

質問12 今年1年の、わたしの運気の流れは?

出たカードが…

① 1月の運気

戦車(逆)

「戦車」運命の▽の欄のキーワードを見るよ。

☑ 運動不足
☑ 注意不足

② 2月の運気

女司祭(正)

「女司祭」運命の△の欄のキーワードを見るよ。

☑ 知性
☑ 頭を使うことが幸運につながる

③ 3月の運気

吊られた男(逆)

「吊られた男」運命の▽の欄のキーワードを見るよ。

☑ 行動力がダウン
☑ 思い切りが必要

④ 4月の運気

魔術師(逆)

「魔術師」運命の▽の欄のキーワードを見るよ。

☑ 新しい環境になじめない
☑ 約束のキャンセル

⑤ 5月の運気

審判(正)

「審判」運命の△の欄のキーワードを見るよ。

☑ 過去のことが片づく
☑ おこづかいがもらえる

⑥ 6月の運気

運命の輪(正)

「運命の輪」運命の△の欄のキーワードを見るよ。

☑ 幸運の訪れ
☑ 思いがけない出来事

⑦ 7月の運気

恋人(逆)

「恋人」運命の▽の欄のキーワードを見るよ。

☑ まちがった道を選ぶ
☑ カッとなってしまう

⑧ 8月の運気

女帝(正)

「女帝」運命の△の欄のキーワードを見るよ。

☑ イメージチェンジ
☑ めぐまれた生活

⑨ 9月の運気

司祭(正)

「司祭」運命の△の欄のキーワードを見るよ。

☑ ボランティア活動
☑ 人を助ける

⑩ 10月の運気

塔(逆)

「塔」運命の▽の欄のキーワードを見るよ。

☑ 小さなトラブル
☑ ワナに注意

⑪ 11月の運気

星(正)

「星」運命の△の欄のキーワードを見るよ。

☑ 希望がかなう
☑ 自然とのふれ合い

⑫ 12月の運気

世界(正)

「世界」運命の△の欄のキーワードを見るよ。

☑ 物事の完成 ☑ いい成果
☑ 満足する

診断 月によって、ラッキーアクションや気をつけるべきことが出ているよ。たとえば、1月は運動不足やケガに注意して身体を動かすのが◎。6月は予想外のラッキーな出会いがありそう! 10月はトラブルが起こりそうな暗示。12月は、この年の集大成として結果を残せそう。いい1年になるように覚えておこうね☆

お守りタロット

タロットカードはうらないとしてだけではなく、
あなたを守る「護符」としても力をハッキするの！　自分の願いによって、
カードを選んでお守りにしよう♪

持ち歩き方

きれいな白い布やハンカチに包むか、
手帳などにはさんで持ち歩こう☆　正
位置と逆位置に注意して、荷物の中で
逆さまにならないように注意してね！

ラブ運アップ⤴

 彼を
ふりむかせたい
恋人（正）

出会いがほしい
運命の輪（正）

告白が
うまくいく
審判（正）

フレンド運アップ♪

 友だちと
仲直りしたい
審判（正）

友だちを
増やしたい
魔術師（正）

学校・勉強運アップ♪

 テストで
うまくいく
星（正）

発表や大会で
成功する
戦車（正）

その他

 かわいく
なりたい
女帝（正）

 願いごとが
かなう
運命の輪（正）

 全体的に
運気を上げたい
世界（正）

これ以外にも、うらなった結果で出たカードや、
ビビッとくる絵柄のカードを選んで持ち歩いてもOK♡

タロットカード 大アルカナ22枚の意味

次のページからは、この本についている、
タロットカードの大アルカナ22枚の意味を説明していくよ！

カードの見方

自由を楽しむ
愚者

特ちょう

身軽なすがたで、軽い足取りで歩む自由な旅人。でも、その足の先はがけで、道は続いていなさそう。そんな「愚者」は、自由であることと同時に、これから先がどうなるかわからないという状態を表しているよ。

キーワード　ピッときた言葉が答え！

❤ ラブ	💬 フレンド・対人
△ 自由な恋、恋の可能性、恋をかくさない、何人かの人とつき合う、積極的なアプローチ、大たんな2人、夢中になる、誠実な相手	△ そくばくしない自由な関係、おたがいにマイペース、シュミが合う、楽しく遊べる、友だちのアドバイス、意外な人との友情、変わった友だち
▼ まわりが見えない恋、無茶なアタック、気持ちがわからない、不安定な2人、熱しやすくて冷めやすい、まわりの反対、いいかげんな相手	▼ 自分勝手なふるまい、信用をなくす、人にたよりすぎる、不安定な関係、せめられる、約束をやぶる、きびしい友だち

📖 学校・勉強	✨ 運命
△ チャレンジ精神、勉強方法の工夫、高い目標、机の前にすわる、カンがさえる、ヤマが当たる、リラックスしたフンイキ	△ 新しい出会、冒険、好奇心、大たんな言動、熱中する、夢を追う人、自由、勝負にツキ、チャンスをつかむ、キケンをさけられる
▼ やる気不足、自信がない、根気が続かない、短気を起こす、無責任、計画がうまくいかない、予想がはずれる	▼ 先を考えない行動、ルールをやぶる、まちがった選択、不安定な気持ち、まぬけな行動、逃げる、あまい考え、あさはか

特ちょう

そのカードにかかれているイラストや、全体的な意味など、大きな特ちょうを説明しているよ。カードの絵柄をよく見て、カードのことをよく知ろう☆

キーワード

カードが表す意味を、うらなう内容によってしょうかいしているよ。いくつものキーワードがあるから、自分がピンときたものをうらないの結果としてとらえよう。たとえば、恋のことをうらなったときには「ラブ」のところを見るよ。「フレンド・対人」でも「学校・勉強」でもないことをうらなったときには、「運命」のところを見てね！

△がカードが正位置、▼がカードが逆位置で出たときの意味だから、注意しよう☆

△はカードが正位置、▼はカードが逆位置で出た場合のキーワードを表すよ。必ずしも正位置がいい意味とは限らないよ！

自由を楽しむ 愚者

特ちょう

身軽なすがたで、軽い足取りで歩む自由な旅人。でも、その足の先はがけで、道は続いていなさそう。そんな「愚者」は、自由であることと同時に、これから先がどうなるかわからないという状態を表しているよ。

キーワード ピンときた言葉が答え！

ラブ

△ 自由な恋、恋の可能性、恋をかくさない、何人かの人とつき合う、積極的なアプローチ、大たんな2人、夢中になる、誠実な相手

▼ まわりが見えない恋、無茶なアタック、気持ちがわからない、不安定な2人、熱しやすく冷めやすい、まわりの反対、いいかげんな相手

フレンド・対人

△ そくばくしない自由な関係、おたがいにマイペース、シュミが合う、楽しく遊べる、友だちのアドバイス、意外な人との友情、変わった友だち

▼ 自分勝手なふるまい、信用をなくす、人にたよりすぎる、不安定な関係、せめられる、約束をやぶる、きびしい友だち

学校・勉強

△ チャレンジ精神、勉強方法の工夫、高い目標、机の前にすわる、カンがさえる、ヤマが当たる、リラックスしたフンイキ

▼ やる気不足、自信がない、根気が続かない、短気を起こす、無責任、計画がうまくいかない、予想がはずれる

運命

△ 新しい出発、冒険、好奇心、大たんな言動、熱中する、夢を追う人、自由、勝負にツキ、チャンスをつかむ、キケンをさけられる

▼ 先を考えない行動、ルールをやぶる、まちがった選択、不安定な気持ち、まぬけな行動、逃げる、あまい考え、あさはか

△はカードが正位置、▼はカードが逆位置で出た場合のキーワードを表すよ。
必ずしも正位置がいい意味とは限らないよ！

266

I

自信に満ちた
魔術師

特ちょう

自信にあふれた表情で、こん棒をかかげる魔術師。カレは自由自在に魔術をあやつり、その力で何でも生み出すことができるの。そんな「魔術師」は、いよいよ準備が整って、行動するべきときが来たことを示しているよ。

キーワード　ピンときた言葉が答え！

♡ ラブ ♡

△ 新しい恋の始まり、いちずな恋、気が合う相手、あなたらしいアプローチ、楽しい会話、個性的なミリョク、おもしろい相手

▼ 進展しない恋、気持ちをうまく伝えられない、移り気、勇気が出ない、人にたよりすぎる、考えすぎ、口先だけの言葉

💬 フレンド・対人 💬

△ 友だちが増える、楽しいおしゃべり、シュミの仲間ができる、信らいされる、気持ちが伝わる、特技のある人、器用な人、個性豊かな友だち

▼ 心を開けない、コミュニケーション不足、冷たい関係、カラに閉じこもる、新しい友だちになじめない、人に利用される

📓 学校・勉強 📓

△ 入学・進学、新しい環境、新たな動き、勉強のおもしろさを発見、応用力・理解力、効率的な学習、ものを作るクラブ

▼ 自分に合わない勉強法、計画だおれ、勉強がはかどらない、スランプ、成績がのびなやむ、不合格、まちがった選択、仲間になじめない

✨ 運命 ✨

△ 物事の始まり、新しいことを始める、個性的な、アイデア、社交的になる、くじ運アップ、技術がある、器用、知性、シュミや旅行を楽しめる

▼ 新しい環境になじめない、意志が弱い、進む道を変える、くじける、ミス、ウソ、ごまかし、連らくが取れない、約束のキャンセル

タロットカード・うらない

267

II

知的で落ち着いた、女司祭

特ちょう

神秘的で、高貴なフンイキの女司祭。その後ろには、白と黒の柱が立っているよ。これは、男と女、月と太陽、光と闇など、真逆のものという意味。そんな「女司祭」は、安定感や落ち着いた心の様子を示しているよ。

キーワード ピンときた言葉が答え！

♥♡♥ ラブ ♥♡♥

△ ピュアな恋、落ち着いた恋、冷静なアプローチ、おたがいを理解し合える、知的なカップル、女の子がリードする、清潔感のある相手

▼ 思いやりがない、わかってもらえない、1人でいたい、告白のタイミングが合わない、進展させようとすると失敗する、冷たい相手

💬 フレンド・対人 💬

△ かしこい友だちからの手助け、おたがいを高め合える仲、レベルの高い友だち、女の先生や先ぱいとうまくいく、上品な友だち、ヒミツがある

▼ わがままな態度、自己中心的、人からわかってもらえない、知らなくてソンをする、冷たい人、遊び好きでハデな友だち

📖 学校・勉強 📖

△ 勉強が好きになる、研究熱心、人に教えることが◎、合格する、かくれていた実力をハッキする、テストのヤマが当たる、ねばり強い

▼ 実力不足、手ぬき、勉強ぎらい、気が散る、転校・転部、自信過じょう、勉強の計画をコロコロ変える、知識や才能が活かせない

✨ 運命 ✨

△ 知性、ピュアな心、ロマンティックな考え、直感、うらないやスピリチュアル、きびしい、清潔感がある、頭を使うことが幸運につながる

▼ 目先のことだけ考えて失敗する、かたよった生き方、得することしか考えない、ひとりよがり、知識や才能を活かせない、わがまま、短気

△はカードが正位置、▼はカードが逆位置で出た場合のキーワードを表すよ。必ずしも正位置がいい意味とは限らないよ！

女性らしく美しい
女帝 (じょてい)

特 (とく) ちょう

豊 (ゆた) かな自然 (しぜん) の中 (なか) で、ゆったりと腰 (こし) かけてほほえむ女帝 (じょてい)。ハート形 (がた) のたてには、愛 (あい) と美 (び)、実 (みの) りを表 (あらわ) す金星 (きんせい) のマークが入 (はい) っているよ。そんな「女帝 (じょてい)」は、豊 (ゆた) かさや、すべてを包 (つつ) みこむやさしさ、温 (あたた) かい愛情 (あいじょう) を示 (しめ) しているの。

キーワード ピンときた言葉 (ことば) が答 (こた) え！

♥ ラブ ♥

△ 長続 (ながつづ) きする恋 (こい)、幸 (しあわ) せな恋 (こい)、告白 (こくはく) の成功 (せいこう)、両思 (りょうおも) い、女 (おんな) の子 (こ) らしいミリョク、モテモテ、思 (おも) いやり、せいそなファッション、愛情 (あいじょう) 深 (ぶか) い相手 (あいて)

▼ 片思 (かたおも) い、実 (みの) りにくい恋 (こい)、遊 (あそ) びの恋 (こい)、性格 (せいかく) が合 (あ) わない、うら切 (ぎ) り、うわき、恋 (こい) の迷 (まよ) い、本気 (ほんき) になれない、信 (しん) じられない相手 (あいて)

💬 フレンド・対人 (たいじん) 💬

△ 温 (あたた) かい友情 (ゆうじょう)、信 (しん) らい、人 (ひと) に愛 (あい) される、人気運 (にんきうん)、いい人間関係 (にんげんかんけい)、温 (あたた) かい性格 (せいかく) の人 (ひと)、豊 (ゆた) かな心 (こころ)、美 (うつく) しい人 (ひと)、アートの才能 (さいのう) がある友 (とも) だち

▼ ルーズな関係 (かんけい)、合 (あ) わない友 (とも) だち、プライドのぶつかり合 (あ) い、目立 (めだ) ちたがってきらわれる、自分勝手 (じぶんかって) なふるまい、みえっぱりの友 (とも) だち

📖 学校 (がっこう)・勉強 (べんきょう) ✏

△ 楽 (たの) しい学校生活 (がっこうせいかつ)、思 (おも) いどおりに進 (すす) む、成績 (せいせき) アップ、努力 (どりょく) が報 (むく) われる、委員 (いいん)・役員 (やくいん) になる、ニガテなもののこくふく、楽 (たの) しいクラブ活動 (かつどう)

▼ やる気 (き) が出 (で) ない、サボりたくなる、学校生活 (がっこうせいかつ) でストレスがたまる、成績 (せいせき) が上 (あ) がらない、結果 (けっか) が出 (で) ない、基本 (きほん) をやり直 (なお) す

☆ 運命 (うんめい) ☆

△ 実 (みの) る、豊 (ゆた) かになる、品 (ひん) がある、落 (お) ち着 (つ) いた美 (うつく) しさ、イメージチェンジ、センスアップ、社交的 (しゃこうてき)、人気 (にんき)、めぐまれた生活 (せいかつ)、美 (うつく) しい自然 (しぜん)

▼ 実 (みの) らない、むだづかい、太 (ふと) る、お金 (かね) を借 (か) りる、プライドが高 (たか) すぎて失敗 (しっぱい) する、家族 (かぞく) とケンカする、状況 (じょうきょう) が悪 (わる) くなる、よくない環境 (かんきょう) になる

IV

人々の上に立つ

皇帝

特ちょう

風格が漂う姿で堂々とすわる男性は、民を率いる皇帝。赤いマントの中で身にまとっているのは、戦いのシンボルのよろい。人々を指導する、リーダーとしての「皇帝」は、野心や競争心、強い意志とリーダーシップを表すよ。

キーワード ピンときた言葉が答え！

♥ ラブ ♥

△ 大きな愛で包まれる、かわいがられる、情熱的なアプローチ、恋の勇気、告白がうまくいく、年の差カップル、たよりになる相手、年上の相手

▼ 愛情の押しつけ、わがままな愛、きらわれる、意地っぱり、すぐ終わる恋、アタックする勇気が出ない、告白の失敗、信らいできない相手

フレンド・対人

△ クラスの委員長・クラブのキャプテンからラッキー情報、会話がうまくなる、かしこい友だち、すぐれた人と知り合う、積極的な友だち

▼ 協力してもらえない、先生とうまくいかない、うら切り、友だちがはなれてしまう、きらわれる、思いやりのない友だち、ライバル

学校・勉強

△ リーダーシップ、得意分野の実力がみとめられる、成績が安定する、クラスの人気者、部やクラブのキャプテン、スポーツが上達する

▼ 信用がなくなる、自分をアピールできない、調子に乗る、勉強が進まない、試験やコンクールに落ちる、責任を持てない、無力

運命

△ 強い意志、自分の力でがんばる、成功、力を持つ、エネルギーにあふれる、体力の向上、行動力をハッキ、責任ある行動をする、自信を持つ

▼ 不安定な状況、決断力がない、あまい考え、がんこ、お金がない、よくないたくらみ、負ける、らんぼう、体調が悪い、つかれやすい

△はカードが正位置、▼はカードが逆位置で出た場合のキーワードを表すよ。
必ずしも正位置がいい意味とは限らないよ！

生きる道を教える 司祭

特ちょう

神の言葉を信者たちに伝える司祭。カレは神と人間の世界を区切る柱の前で、神の世界へのトビラを開けるカギを持っているよ。人々の罪を許し、人間を祝福する「司祭」は、ゆるぎない信らいと心のよりどころを示しているの。

キーワード ピンときた言葉が答え！

♡ ラブ ♡

△ 誠実、深い愛情、思いやりに満ちた関係、あなたの恋に協力者がいると成功する、ステキな出会い、性格のいい相手、かしこくやさしい相手

▼ 冷たい関係、思いやりがない、縁がうすい、まわりの反対、他人にジャマされる、かくす恋、遊びの相手、うら切る相手

フレンド・対人

△ やさしい、相手の立場に立って考える、心が広い、カリスマ、困ったときの救いの手、いいアドバイス、にぎやかな遊び、年上の友だち

▼ がんこな態度、まちがった行動、悪口、こそこそする、まちがったアドバイス、だまされる、利用される、ゆがんだ心、するがしこい友だち

学校・勉強

△ いい先生にめぐまれる、楽しい学校生活、勉強好き、いい塾や勉強法との出会い、目標を達成、頭がさえる、チームワーク

▼ でしゃばる、おもしろくないクラス、きらいな先生、こりつする、勉強の計画がくずれる、グループ学習でそんをする、テストでミスをする

運命

△ まわりにえいきょうを与える、考えを変えさせる、役に立つ、ボランティア活動、神秘的なものへの興味、人を助ける

▼ バチが当たる、まちがったアドバイス、助けてもらえない、かくしていた悪いこと、形にこだわる、古い考え、気持ちのつかれ、ワナがある

VI

何もおそれない
恋人
(こいびと)

特ちょう

赤い羽を持つ天使と、1組の男女。
はだかであることは、何もおそれる
ことがないということを表していて、
2人は結ばれようとしているところ。
そんな「恋人」は、夢見心地な幸せ
と心地よい状態を示しているよ。

キーワード ピンときた言葉が答え！

♡ ラブ ♡

△ ひと目ぼれ、激しい恋、告白、ゴーインなアタック、恋がかなう、はなれられない、ラブラブな関係、あなたにベタぼれの相手

▼ 気持ちが冷める、恋人にあきる、不満が出てくる、心変わり、うわき、ジャマされる恋、ヤキモチ、別れ、軽はずみな行動、しつこい相手

💬 フレンド・対人 💬

△ 気の合う友だち、友だちが増える、親友ができる、楽しいグループができる、リラックスして遊べる、意見が合う、一番好きな友だち

▼ うら切り、ケンカ、ユーワクされる、親友ができない、合わない友だち、評判の悪い友だち、気が変わりやすい、あてにならない人

📖 学校・勉強 📖

△ 好きな科目の成績が上がる、得意科目が増える、将来進みたい道が見える、グループ学習、勉強・クラブ活動で助け合える友だち、にぎやかなグループ

▼ ニガテ科目ができる、気が散る、勉強にジャマが入る、友だちと足を引っぱり合う、共同作業の失敗、ヤマがはずれる、競争に負ける

⭐ 運命 ⭐

△ 幸運、運命の分かれ道、シュミに熱中する、遊びのさそいが多い、楽しい計画でいっぱい、好きなタレントに近づく、うれしい出来事

▼ 努力が実らない、望みが消える、まちがった道を選ぶ、カッとなってしまう、気持ちのままに行動する、ユーワクに乗る、対立、気が変わる

272

△はカードが正位置、▼はカードが逆位置で出た場合のキーワードを表すよ。
必ずしも正位置がいい意味とは限らないよ！

VII

前へつき進む

戦車

特ちょう

戦士が乗っているのは、2頭のスフィンクスに引かれた戦車。白と黒のスフィンクスはちがう方向を向いていて、コントロールをするには相当な力が必要に。そんな「戦車」は、ひたすら真けんに行動することを示しているよ。

キーワード ピンときた言葉が答え！

♡♡ ラブ ♡♡

△ いちずな思い、正しい道、ライバルに勝つ、モーレツなアタック、友だちのカレをうばう、急進展する恋、イヤな人と別れる、男らしい相手

▼ ライバルの出現、カレをうばわれる、アタックが実らない、伝わらない思い、失恋、あせって失敗する、一歩も進展しない、自分勝手な相手

フレンド・対人

△ 積極的に声をかける、人気が出る、友だちに好かれる、苦手なグループからぬける、トラブルを解決する、ゴーインな友人

▼ 冷たい、らんぼう、信らいをなくす、ひきょう、友情をこわす、責任のがれをする、軽率な行動できらわれる、らんぼうな友だち

学校・勉強

△ 先生への積極的な質問、新しい塾・勉強方法、目的の達成、テストに合格する、短時間で集中する、やる気満々、時間を競うスポーツで勝つ

▼ 消極的な勉強、効率が悪い、ライバルが多い、競争率が高い、実力不足で負ける、成績がのびない、無責任から失敗、スポーツでケガ

運命

△ 成功、勝利、困難のこくふく、ゴーインに進めて◎、力がみとめられる、ほしいものをゲットする、前向きな態度がいい結果につながる

▼ アンラッキー、トラブルが起こる、事故、不成功、負ける、運動不足、弱気、風当たりが強い、不親切で信らいをなくす、注意不足

無限の愛を表す
力

特ちょう

大きなライオンを手なずけて、やさしくなでている女性。女性の頭には∞のマークがついていて、これは無限の愛を表しているよ。このカードが示す「力」は身体の力の強さではなく、相手を動かす、愛や心の「力」のこと。

キーワード ピンときた言葉が答え！

♡♡♡ ラブ ♡♡♡

△ 真実の愛、強い思い、勇気がある、強いキズナ、反対やジャマを乗りこえる、女の子が相手を引っぱる、たくましくてタフな相手

▼ 弱気、引っこみ思案、ジャマが入って負ける、恋の迷い、人にたよりすぎる恋、ウソ、ユーワクされる、自然な別れ、気弱な相手

フレンド・対人

△ 力や勇気を試される、固い友情、ずっと信じ合える関係、ダイタンな行動、成功する、スポーツの得意な人、よきライバル、強い友だち

▼ 協調性がない、人にふり回される、弱気な態度、ユーワクに乗りやすい、立場を利用する、敵を作る、うぬぼれ、態度の変わりやすい友だち

学校・勉強

△ 一生けん命やるべきことをこなす、力をハッキ、ねばり強さ、エネルギッシュな活動、目立つ自分になる、グループの中心、激しいスポーツ

▼ 病気で欠席する、力の限界、高望みで失敗、ライバルに負ける、勉強・練習不足、根性が続かない、計画だおれ、大事なところで失敗する

運命

△ 強いエネルギー、スタミナ十分、健康、ハードトレーニング、勇気ある態度で成功する、きせき的にうまくいく、男まさりな行動

▼ 体力低下、気力がない、自信がなくなる、勇気が出ない、負ける、ステップアップできない、あきらめやすい、中止、練習不足、病気、ウソ

△はカードが正位置、▼はカードが逆位置で出た場合のキーワードを表すよ。必ずしも正位置がいい意味とは限らないよ！

IX

自分と向き合う

隠者

特ちょう

隠者とは、世間からはなれて、ひっそりとくらす人のこと。その手にはランプとつえを持ち、立っているのは山の頂上。そんな「隠者」は、じっくりと自分を見つめ直して、今までのことをふり返る様子を示しているよ。

キーワード　ピンときた言葉が答え！

♡♡♡ ラブ ♡♡♡

△ ピュアな恋、きちんとしたつき合い、おたがいを大事にする関係、マイペースな2人、大人っぽい恋、個性的な相手、かしこい相手、年上の相手

▼ しんちょうになりすぎて、心を閉ざす、わかり合えない・わかろうとしない、疑い深い、注意を聞かずに失敗、よく考えない恋、軽い相手

フレンド・対人

△ 立場を自覚する、れいぎ正しい、いいアドバイスをくれる人との出会い、安定した関係、情報交かんで得をする、かしこい友だち、ずっと年上の人、お年寄り、ユニークな人

▼ ルールを守らない、まわりになじめない、ひとりぼっちになる、仲間はずれ、コンプレックス、しんちょうに人を見る、変わり者、気むずかしい友だち

学校・勉強

△ よき理解者、アドバイザーの出現、算数・理科で成績アップ、判断力・分せき力、勉強への興味、先ぱいとの交流、実験・研究をするクラブ

▼ 人を当てにしすぎて失敗、疑い始めて前に進めない、神経質、そんな役になる、頭がかたい、テストでケアレスミス

運命

△ 深い知識や研究をする、ガマンする、しんちょう、大人っぽい、静かな環境、1人でお出かけが◎、生活が変わる、ヒミツを持つ、延期になる

▼ 仲間からはずれる、ひとりぼっち、へそ曲がり、グループに入れない、人の話を聞かないと失敗、まわりが見えない

止められない

運命の輪

特ちょう

回転する輪は、必然的な運命を表すもの。四すみにいるのは、それぞれ火・地・風・水をつかさどる黄金の天使たち。「運命の輪」は、さからえない運命の流れによって、思いがけない出来事が起こることを示しているよ。

キーワード ピンときた言葉が答え！

♡ ラブ ♡

△ ひと目ぼれ、運命の出会い、赤い糸の恋人、ラブチャンス、おさななじみ、仲良くなる、男の子をしょうかいしてもらう、理想の相手

▼ ラブチャンスをのがす、イヤな人につきまとわれる、いつまでも不満を持つ、てきとうなつき合い、気持ちがかみ合わない、冷たい相手

フレンド・対人

△ 不思議な縁、チャンスをつないでくれる友だち、助けてもらえる、まわりと仲良くなる、長く続く友情、友情が深まる、相性ぴったりの友だち

▼ 不良、やられたらやり返す、反抗的な態度、疑い、おせっかい、友だちに興味をなくす、ちょっかいを出してくる友だち

学校・勉強

△ チャンスが来る、問題はすべて解決、テストに合格、クラスやクラブに変化あり、転校、変化のとき、将来の道を変える、新しいさそいを受ける

▼ 先生や大人への反抗、おせっかい、悪いクセがやめられない、成績ダウン、クラブ活動やシュミでのトラブル、ケガや病気で欠席

運命

△ 幸運の訪れ、チャンスをつかむ、思いがけない出来事、ぐうぜん、物事がいい流れに乗る、希望、夢がかなう、いい経験、すばらしいめぐり合わせ

▼ アンラッキー、失敗、油断する、思わぬジャマが入る、チャンスをつかみそこねる、中断する、ツイてない、計画がくずれる、落とし穴

△はカードが正位置、▼はカードが逆位置で出た場合のキーワードを表すよ。
必ずしも正位置がいい意味とは限らないよ！

XI

中立の立場にある

正義

特ちょう

りんとしたすがたで腰かける女性は、
正義をつかさどる裁判官。手に持って
いるのは、人を裁く剣と、罪の重さを
量る天びん。この「正義」のカードは、
感情にとらわれずに原因と結果を見つ
める、冷静さを暗示しているよ。

キーワード ピンときた言葉が答え！

♡ ラブ ♡

△ 相性バツグン、短所を補い合う関係、
おだやかな関係、うらやましがられ
るカップル、同時に2人からアタッ
クされる、やさしい相手

▼ 性格が合わない、片思い、恋のライ
バル、ジャマが入る、ふたまたで失
敗、自分の気持ちがわからなくなる、
軽い相手、うわき者の相手

フレンド・対人

△ まじめな態度が好かれる、無理のな
い関係、ものの貸し借りが◎、公正、
グループが2つに分かれる、人を裁
く、りちぎな友だち

▼ 言葉や行動がトラブルをまねく、約
束をやぶる、ウソがばれる、悪口が
ばれる、うわさ、告げ口、きびしく
あたられる、もめごと、ひいき

学校・勉強

△ 話し合いで解決する、勉強と遊びや
クラブの両立、友だちとの勉強会、
得意分野がさらにみがかれる、マイ
ペースで楽しむ

▼ いそがしい学校生活、つかれがたま
る習い事、協調性がなくて失敗する、
ルールをやぶる、かくしごとがバレ
る、サボる、なまけグセがつく

運命

△ 調和、バランスの取れた生活、平等、
公平、悪を裁く、話し合う、両立す
る、りんとした態度、無理をしない、
バランス感覚がいい

▼ 不公平にされる、言いつけられる、
無実の罪、かたよった見方で失敗、
いそがしくなる、変なうわさに巻き
こまれる、あわてて失敗する

Part
13

タロットカード・うらない

277

じっとたえしのぶ
吊られた男

特ちょう

手をしばられて、逆さまに木に吊るされた男の人。でもこの人は、他の人を助けるために自らぎせいになった、立派な人格者なのです。この「吊られた男」は、じっとガマンすることや、人に尽くすことを示しているよ。

キーワード　ピンときた言葉が答え！

♡♥♡ ラブ ♡♥♡

△ かべを乗りこえてやっと実る恋、つくす愛、思いやり、自分をぎせいにする、遠距離でもおたがいの努力で恋は続く、わがままでもにくめない相手

▼ 冷たい相手、つき合っても進歩しない、自分勝手な2人、アタック方法がわからない、さびしい気持ち、ふり向いてくれない相手

💬 フレンド・対人 💬

△ コミュニケーションを増やす、自分を後回しにして人を助ける、タイミングが来るのを待つ、小さな親切でラッキーを招く、おとなしい友だち

▼ わがままで人をおこらせる、がっかりする、そんなする立場に回る、積極性がない、仲良くなりたい相手が心をなかなか開いてくれない

📖 学校・勉強 ✏

△ じっとガマンする、毎日の積み重ね、予習復習、あまり楽しいことがない、まだ新しいことを始めるタイミングではない

▼ 大きなかべ、がんばっても実らない、困難に負けそうになる、不合格、成績が下がる、努力をする気にならない、プレッシャー、やる気がダウン

☆彡 運命 ☆彡

△ ピンチ、ひたすら時間が経つのを待つ、今のままをキープする、他人に親切にする、こだわりをなくす、希望をすてない

▼ むだな行動が多い、努力が実らない、そんなする立場、行動力がダウン、自己中心的、人へのやさしさが足りない、思い切りが必要

△はカードが正位置、▼はカードが逆位置で出た場合のキーワードを表すよ。
必ずしも正位置がいい意味とは限らないよ！

XIII 終わりと始まり
死神

特ちょう

人の命を裁きながら進んでいるのは、白馬に乗った死神。おそろしく見えるかもしれないけど、遠くの門には太陽が登っていて、夜の後に新しい朝が来るように、死の後には新しい命が生まれることを示しているよ。

キーワード ピンときた言葉が答え！

♡♡ ラブ ♡♡

△ 別れ、あきらめ、恋の応援者がいない、復縁はむずかしい、恋のチャンスはまだ先、新しい恋の準備をするべきとき

▼ 不幸な出会い、別れられない、イヤになる、中途はんぱなカップル、状況がゆっくり変化する、最悪のケースの1歩前

フレンド・対人

△ 友だちと距離ができる、友情の終わり、グループをぬける、絶交、こだわらない、親友とはなれる、まわりの目がきびしくなる、新しい友だち

▼ まわりの人間関係が変化する、力のバランスが変わる、きせき的な仲直り、話し合いでおさまる、中途はんぱな友情、スッキリ別れられない

学校・勉強

△ 再出発、塾やクラブ活動を変える、勉強をしない、テストに不合格、今までのやり方で失敗する、成果が上がらない

▼ 無気力な生活、スランプ、クラブ活動の行きづまり、基本がおろそか、パッとしない成績、自分のやりたいことがわからない

運命

△ 新しい状況が生まれる、古いものを捨てる、家を出る、移動、アンラッキーなアクシデント、病気、事故、無理をしてトラブル

▼ さえないとき、危機いっぱつで救われる、たいくつ、不安な状況、期待はずれ、新しいものと古いものの入れ替わり、気長に待つことが◎

Part 13 タロットカード・うらない

バランスが取れた 節制

特ちょう

両手に2つの聖杯を持ち、水を注ぐ天使。左足を陸に、右足を水につけ、バランスを取って立っているよ。一滴もこぼさずに水をあやつる「節制」のカードは、物事の調和が取れた、落ち着いた状況を示しているよ。

キーワード ピンときた言葉が答え!

♡♡ ラブ ♡♡

△ ピュアな恋、ひかえめ、気持ちをおさえる、恋を夢見る、自然に打ち解ける、おだやかに深まる愛、安定した関係、いつもそばにいてくれる相手

▼ しっくりいかない相性、つり合わない、恋におくびょう、行動力不足、恋への理想が高すぎる、恋人ができにくい、いっしょにいるとつかれる相手

フレンド・対人

△ シャイな態度、まわりの人との調和、気持ちのいい関係、細やかな心配り、ひかえめさが好かれる、シュミの合う友だち、昔からの友だち、あこがれの友だち

▼ いいかげんな態度、人ぎらい、思いこみ、プライドが高い、ひとりぼっち、友だちができにくい、理解されない、自分からは話しかけない

学校・勉強

△ 順調にのびる成績、やる気が出る、環境が整う、くり返し学習・グループ学習が◎、シュミが広がる、芸術に関係するシュミやクラブ

▼ 学校に行くのがめんどう、勉強や習い事を投げ出す、物事がはかどらない、生活のリズムがくずれる、つかれやすい

運命

△ 節約、規則正しい生活、活発なコミュニケーション、情報交かんがラッキー、うまくいく、シュミのいいもの、アートに親しむと◎、水のある場所に縁あり

▼ ひかえめすぎる、目立たない、やりくり下手、ぜいたく、生活のみだれ、体力がダウン、現実的でないもう想、きけんなダイエット、水のトラブル

△はカードが正位置、▼はカードが逆位置で出た場合のキーワードを表すよ。
必ずしも正位置がいい意味とは限らないよ!

XV

人の心に巣くう

悪魔

特ちょう

大きな悪魔と、くさりにつながれた2人の男女。この男女は悪魔の角としっぽが生えてきていて、悪に気持ちを支配されてきている状態。この「悪魔」が示すのは、あまえや楽をしたいという心、欲望への警告だよ。

キーワード　ピンときた言葉が答え！

♡♡ ラブ ♡♡

△ きけんな恋、だまされる、悪いユーワク、いやなうわさ、デートのキャンセル、うら切り、うわき、遊びの恋、軽い相手

▼ 悪いユーワクを断ち切る、きけんな相手と別れる、相手のそくばくからぬけ出す、こだわりをすてる、恋をあきらめる、まじめな相手

フレンド・対人

△ よくない友だちに利用される、いやなグループからのさそい、だまされる、悪いうわさ、ルールをやぶる、うら切り、理解されない、そくばくしてくる友だち

▼ いやな友だちとの別れ、いい人からのアドバイス、敵と堂々と戦う、しつこいユーワクからのがれる、上品な友だち、かしこい選択

学校・勉強

△ いやな役目が回ってくる、だれかのフォローをする、自由のない学校生活、トラブル、集中力がない、カンニング、勉強法が合っていない

▼ 最悪の状況からぬけ出す、学校生活のそくばくがゆるくなる、よくない習慣をやめる、まじめになる、成績がアップする、クラブで活やく

運命

△ やりたいことしかやらない、ダラダラしてしまう、悪いクセがやめられない、トラブルに巻きこまれる、ルールをやぶる、不調、体調をくずす、意志が弱い

▼ そくばくからの解放、危険からの脱出、生活がよくなる、悪夢から目覚める、体調が回復する、なやみの解決、立ち直る、まわりから必要とされる

Part 13　タロットカード・うらない

くずれ落ちる

塔

特ちょう

この高い塔は、人が神様に近づくために建てたもの。それが神様のいかりにふれて、雷が落ち、くずれていくようす。「塔」のカードは、びっくりするような変化や、予想しなかったアクシデントが起きることを示すよ。

キーワード ピンときた言葉が答え！

ラブ

△ きけんな人との出会い、恋の失敗、関係の悪化、けんか、とつぜんのうら切り、ゴカイ、恋のトラブル、失恋、カップルがこわれる

▼ 恋のトラブルが続く、恋のピンチ、気持ちが冷える、マンネリ化した関係、いやいやつき合う、よくない状態が長引く、なかなか恋ができない

フレンド・対人

△ きけんな友だちとの遊び、悪いことに手を貸す、調子に乗って失敗する、トラブル発生、両親や先生にしかられる、友だちをなくす

▼ まちがいを正される、はずかしい思いをする、ゴカイ、関係が悪化する、ウソ、小さなトラブル、混乱、人に親切にできない

学校・勉強

△ 先生にしかられる、トラブル、学校での問題、なくしもの、男の子のケンカのとばっちり、テストで重大なミス、クラブ活動中のケガ

▼ 疑われる、ピンチになる、続けてきた役割を終える、小さなトラブル、ストレスで気持ちが落ちこむ、ケアレスミスをたくさんする

運命

△ トラブル、きけん、体調をくずす、ものがなくなる、おそろしい出来事、悪いさそいに乗りやすい、気持ちがコロコロ変わる

▼ 小さなトラブル、小さなきけん、注意深く過ごす、ゴカイ、無実の罪、ワナに注意、現実からにげる、ガマンをつらぬく

△はカードが正位置、▼はカードが逆位置で出た場合のキーワードを表すよ。必ずしも正位置がいい意味とは限らないよ！

星 <small>ほし</small>

<small>美しくきらめく</small>

特ちょう

かがやく星空の下で、湖に水を注ぐ乙女。この水は命の水で、生き生きとした生命力を表しているよ。乙女はこの先何にでもなれるという、可能性のシンボル。「星」のカードは、理想や希望、明るい将来を示しているよ。

キーワード　ピンときた言葉が答え！

♡ ラブ ♡

△ 恋のめばえ、素敵な男の子、愛にあふれる未来、楽しいつき合い、めだつカップル、気持ちがぴったり合う、ロマンティックな相手

▼ 出会いがない、ラブチャンスをのがす、たいくつなおつき合い、相手にガッカリする、高望み、自分勝手な理想、おもしろみのない相手

💬 フレンド・対人 💬

△ みんなの人気者になる、トークがもり上がる、楽しいおしゃべり、個性がきわだつ、友情に関する望みがかなう、センスのある友だち

▼ 遊びの計画が流れる、約束をやぶる、ねたまれる、今の友だちにあきる、退屈な関係、人にたよりすぎてきらわれる、ただの知り合い

🖊 学校・勉強 📓

△ 頭がさえる、勉強が計画どおりに進む、ヤマが当たる、テスト運が上がる、アイデアが注目される、発表で成功する

▼ 勉強が計画どおりに進まない、勉強面で高望みをしすぎる、カンやひらめきが当たらない、満足できない結果、努力が続かない

✦ 運命 ✦

△ 希望がかなう、美しいものとの縁、素直さ、信じる心、夜の活動、生きがい、健康、幸福感、楽しい休日、自然とのふれ合い

▼ 夢をすてる、将来に対して希望を持てない、やる気が出ない、計画の変更、中止、望みがない、つかれ、自分の本当の願いを忘れる

満ち欠けする 月

特ちょう

月に向かってほえる、おびえたイヌとオオカミ。湖からはい上がってくるザリガニが示しているのは、心にうかんでくる心配ごと。おぼろげな光を放つ「月」のカードは、不安定な状況、不安な心のようすを示しているよ。

キーワード ピンときた言葉が答え!

♡ ラブ ♡

△ 三角関係、複雑な関係、不安な恋、変わりやすい気持ち、見せかけの愛、おくびょうな態度、げんめつする、ウソ、だまされる、ずるい相手

▼ 恋することにおくびょうになる、ラブチャンスに気づかない、ウソの恋、人にばれないようにするつき合い、反対される、てきとうな関係

💬 フレンド・対人 💬

△ ワナにかけられる、友情のなやみ、シット、悪口、キズつく言葉、不安定な関係、ライバル心、かくれたライバル、苦手な友だち

▼ 同情・やさしさがアダとなる、利用される、ウソ、デマ、悪い評判、家族にめいわくがかかる、お母さんとのケンカ、時間が足りない

📖 学校・勉強 📖

△ ライバルに負ける、見せかけの成績、実力が追いつかない、テストで重大な見落とし、不合格、ストレスがたまる環境

▼ 成績を高望みしすぎる、テスト運ダウン、成績が落ちる、不合格、なまけ心が起きる、する休み、先ぱいや先生の悪口を言いやすい

✦ 運命 ✦

△ ロマン、理想、現実からにげたい、不安と迷い、気持ちの弱さ、体調の変化、敵の出現、家族といい関係に、家族が助けてくれる

▼ 状況がどんどん悪化する、だまされる、気持ちのバランスをくずす、不安、リラックスできない、落ち着かない、同じ状態が続く

△はカードが正位置、▼はカードが逆位置で出た場合のキーワードを表すよ。必ずしも正位置がいい意味とは限らないよ!

<ruby>太<rt>たい</rt></ruby><ruby>陽<rt>よう</rt></ruby>

<ruby>生<rt>せい</rt></ruby><ruby>命<rt>めい</rt></ruby><ruby>力<rt>りょく</rt></ruby>あふれる

<ruby>特<rt>とく</rt></ruby>ちょう

<ruby>大<rt>おお</rt></ruby>きな<ruby>太<rt>たい</rt></ruby><ruby>陽<rt>よう</rt></ruby>の<ruby>下<rt>もと</rt></ruby>で、<ruby>白<rt>はく</rt></ruby><ruby>馬<rt>ば</rt></ruby>に<ruby>乗<rt>の</rt></ruby>ったはだかの<ruby>子<rt>こ</rt></ruby>ども。さんさんとかがやく<ruby>太<rt>たい</rt></ruby><ruby>陽<rt>よう</rt></ruby>や<ruby>満<rt>まん</rt></ruby><ruby>開<rt>かい</rt></ruby>のひまわり、<ruby>明<rt>あか</rt></ruby>るい<ruby>笑<rt>え</rt></ruby><ruby>顔<rt>がお</rt></ruby>の<ruby>子<rt>こ</rt></ruby>どもは、エネルギーのシンボル。<ruby>明<rt>あか</rt></ruby>るい<ruby>未<rt>み</rt></ruby><ruby>来<rt>らい</rt></ruby>や<ruby>幸<rt>しあわ</rt></ruby>せを<ruby>示<rt>しめ</rt></ruby>していて、<ruby>楽<rt>たの</rt></ruby>しむことが<ruby>大<rt>だい</rt></ruby><ruby>事<rt>じ</rt></ruby>だというメッセージだよ。

キーワード ピンときた<ruby>言<rt>こと</rt></ruby><ruby>葉<rt>ば</rt></ruby>が<ruby>答<rt>こた</rt></ruby>え！

♡ ♡ ラブ ♡ ♡

△ <ruby>恋<rt>こい</rt></ruby>のチャンスが<ruby>多<rt>おお</rt></ruby>い、<ruby>進<rt>しん</rt></ruby><ruby>展<rt>てん</rt></ruby>が<ruby>速<rt>はや</rt></ruby>い、<ruby>幸<rt>しあわ</rt></ruby>せな<ruby>出<rt>で</rt></ruby><ruby>会<rt>あ</rt></ruby>い、すばらしいカップル、<ruby>楽<rt>たの</rt></ruby>しくてはなやかなデート、<ruby>告<rt>こく</rt></ruby><ruby>白<rt>はく</rt></ruby>の<ruby>成<rt>せい</rt></ruby><ruby>功<rt>こう</rt></ruby>、<ruby>明<rt>あか</rt></ruby>るくさわやかな<ruby>相<rt>あい</rt></ruby><ruby>手<rt>て</rt></ruby>

▼ すぐに<ruby>終<rt>お</rt></ruby>わる<ruby>恋<rt>こい</rt></ruby>、<ruby>真<rt>しん</rt></ruby><ruby>剣<rt>けん</rt></ruby>さがなくなる、<ruby>不<rt>ふ</rt></ruby><ruby>満<rt>まん</rt></ruby>、<ruby>情<rt>じょう</rt></ruby><ruby>熱<rt>ねつ</rt></ruby>が<ruby>冷<rt>さ</rt></ruby>める、あきる、アタックのチャンスがない、ジャマが<ruby>入<rt>はい</rt></ruby>る<ruby>恋<rt>こい</rt></ruby>、<ruby>相<rt>あい</rt></ruby><ruby>手<rt>て</rt></ruby>をうばわれる

💬 フレンド・<ruby>対<rt>たい</rt></ruby><ruby>人<rt>じん</rt></ruby> 💬

△ <ruby>友<rt>ゆう</rt></ruby><ruby>情<rt>じょう</rt></ruby>が<ruby>育<rt>そだ</rt></ruby>つ、<ruby>仲<rt>なか</rt></ruby><ruby>直<rt>なお</rt></ruby>り、<ruby>再<rt>さい</rt></ruby><ruby>会<rt>かい</rt></ruby>のチャンスがやってくる、<ruby>尊<rt>そん</rt></ruby><ruby>敬<rt>けい</rt></ruby>、リーダーになる、<ruby>思<rt>おも</rt></ruby>いどおりの<ruby>人<rt>にん</rt></ruby><ruby>間<rt>げん</rt></ruby><ruby>関<rt>かん</rt></ruby><ruby>係<rt>けい</rt></ruby>を<ruby>築<rt>きず</rt></ruby>く、<ruby>目<rt>め</rt></ruby><ruby>上<rt>うえ</rt></ruby>の<ruby>人<rt>ひと</rt></ruby>に<ruby>好<rt>す</rt></ruby>かれる、<ruby>明<rt>あか</rt></ruby>るい<ruby>友<rt>とも</rt></ruby>だち

▼ <ruby>予<rt>よ</rt></ruby><ruby>定<rt>てい</rt></ruby>がキャンセルになる、<ruby>意<rt>い</rt></ruby><ruby>地<rt>じ</rt></ruby>をはって<ruby>1<rt>ひとり</rt></ruby>人になる、<ruby>人<rt>ひと</rt></ruby>の<ruby>好<rt>こう</rt></ruby><ruby>意<rt>い</rt></ruby>に<ruby>調<rt>ちょう</rt></ruby><ruby>子<rt>し</rt></ruby>にのる、<ruby>人<rt>にん</rt></ruby><ruby>間<rt>げん</rt></ruby><ruby>関<rt>かん</rt></ruby><ruby>係<rt>けい</rt></ruby>でつまずく、お<ruby>父<rt>とう</rt></ruby>さんとケンカ、<ruby>友<rt>ゆう</rt></ruby><ruby>情<rt>じょう</rt></ruby>が<ruby>育<rt>そだ</rt></ruby>たない、<ruby>大<rt>だい</rt></ruby><ruby>事<rt>じ</rt></ruby>な<ruby>人<rt>ひと</rt></ruby>とはなれる

📖 <ruby>学<rt>がっ</rt></ruby><ruby>校<rt>こう</rt></ruby>・<ruby>勉<rt>べん</rt></ruby><ruby>強<rt>きょう</rt></ruby> 📖

△ <ruby>希<rt>き</rt></ruby><ruby>望<rt>ぼう</rt></ruby>がかなう、<ruby>卒<rt>そつ</rt></ruby><ruby>業<rt>ぎょう</rt></ruby>、<ruby>表<rt>ひょう</rt></ruby><ruby>彰<rt>しょう</rt></ruby>される、コンクールなどで<ruby>入<rt>にゅう</rt></ruby><ruby>賞<rt>しょう</rt></ruby>する、やりがいのある<ruby>役<rt>やく</rt></ruby>を<ruby>任<rt>まか</rt></ruby>される、クラブや<ruby>勉<rt>べん</rt></ruby><ruby>強<rt>きょう</rt></ruby>で<ruby>大<rt>おお</rt></ruby>きな<ruby>成<rt>せい</rt></ruby><ruby>果<rt>か</rt></ruby>を<ruby>上<rt>あ</rt></ruby>げる

▼ <ruby>人<rt>ひと</rt></ruby>にジャマされて<ruby>成<rt>せい</rt></ruby><ruby>績<rt>せき</rt></ruby>が<ruby>上<rt>あ</rt></ruby>がらない、<ruby>勉<rt>べん</rt></ruby><ruby>強<rt>きょう</rt></ruby>がペースダウン、<ruby>楽<rt>たの</rt></ruby>しみにしていたことが<ruby>中<rt>ちゅう</rt></ruby><ruby>止<rt>し</rt></ruby>になる、ヤマカンにたよって<ruby>失<rt>しっ</rt></ruby><ruby>敗<rt>ぱい</rt></ruby>、チャンスがこない

✦ <ruby>運<rt>うん</rt></ruby><ruby>命<rt>めい</rt></ruby> ✦

△ <ruby>幸<rt>しあわ</rt></ruby>せ、<ruby>明<rt>あか</rt></ruby>るい<ruby>将<rt>しょう</rt></ruby><ruby>来<rt>らい</rt></ruby>、チャンスが<ruby>多<rt>おお</rt></ruby>い、<ruby>成<rt>せい</rt></ruby><ruby>功<rt>こう</rt></ruby>、<ruby>健<rt>けん</rt></ruby><ruby>康<rt>こう</rt></ruby><ruby>運<rt>うん</rt></ruby>がいい、スポーツ・レジャーがラッキー、ロマンティックな<ruby>体<rt>たい</rt></ruby><ruby>験<rt>けん</rt></ruby>、<ruby>外<rt>がい</rt></ruby><ruby>出<rt>しゅつ</rt></ruby><ruby>先<rt>さき</rt></ruby>でラッキー

▼ <ruby>長<rt>なが</rt></ruby><ruby>続<rt>つづ</rt></ruby>きしない<ruby>幸<rt>しあわ</rt></ruby>せ、<ruby>楽<rt>たの</rt></ruby>しみにしていたことがキャンセル、だらしなさ、<ruby>暗<rt>くら</rt></ruby>い<ruby>気<rt>き</rt></ruby><ruby>分<rt>ぶん</rt></ruby>、<ruby>人<rt>にん</rt></ruby><ruby>間<rt>げん</rt></ruby><ruby>関<rt>かん</rt></ruby><ruby>係<rt>けい</rt></ruby>でトラブル、<ruby>計<rt>けい</rt></ruby><ruby>画<rt>かく</rt></ruby>がおくれる、<ruby>太<rt>ふと</rt></ruby>る、ガマンができない

よみがえりの合図
審判

特ちょう

天使が吹くラッパの音を合図に、よみがえる死者たち。彼らは、これから天国に行くか地獄に行くかを審判で決められるところ。一度終わった物事がまた始まることや、物事に決着をつけるときであることを示しているよ。

キーワード ピンときた言葉が答え！

♡♡ ラブ ♡♡

△ 本当の恋をつらぬく、片思いが実る、ゴカイが解ける、気持ちが素直に伝わる、恋が復活する、体当たりの恋、サポーター出現、理想どおりの相手

▼ やり直せない恋、望ましくない恋、努力がムダに終わる、過去にこだわる、素直に心が開けない、真実の愛に気づけない、恋の道のりは遠い

フレンド・対人

△ 人気運アップ、こわれた友情が元に戻る、友だちになりたかった相手と仲良しに、友情をつらぬく、ゴカイが解ける、気持ちが通じる、誠実な友だち

▼ 同じトラブルをくり返す、友情が消える、やり直せない関係、再会のチャンスがやってこない、信じられない、友情に気づかない、計算高い友だち

学校・勉強

△ 先ぱいが勉強の相談に乗ってくれる、成績の目標を高めに設定すると◎、努力が実る、成績がアップする、合格、やりたかった係になれる

▼ 自信が出ない、強いライバルに負ける、そんをする、将来の道が決まらない、勉強に向かない環境、取り残される、不安

運命

△ 過去のことが片づく、運命がいい方向に、復活、体調がよくなる、おこづかいがもらえる、きせき的に状況がよくなる、新年、願いがかなう、許される

▼ 復活はむずかしい、ざせつ、とりこし苦労、よくない知らせ、信じられない、迷い、健康運がダウンする、過去の失敗がよみがえる

△はカードが正位置、▼はカードが逆位置で出た場合のキーワードを表すよ。
必ずしも正位置がいい意味とは限らないよ！

XXI

すべてが完成した

世界

特ちょう

月桂樹の輪の中でおどる女性と、四すみには火地風水をつかさどる天使や動物。それぞれが個性をハッキして、役割を果たすことで世界が完成したということ。このカードは、1つの物事が達成することを暗示しているよ。

キーワード ピンときた言葉が答え！

♡♡ ラブ ♡♡

△ 告白の成功、両思い、まわりからの祝福、ベストカップル、すべての問題が解決、最高の相性、幸せいっぱい、性格のいい相手

▼ 恋のざせつ、がっかりする、告白はうまくいかない、一番になれない、ライバルに負ける、失恋、気まぐれで気の多い相手、ふり回される

学校・勉強

△ 目標達成、テスト運アップ、実力以上の結果を残す、楽勝、充実した学校生活、チームワークが大切、体験学習がラッキー

▼ 成績が上がらない、やる気が出ない、進むべき道がわからない、ざせつ、不合格、スランプ、いったん成功してもむだにしてしまう

フレンド・対人

△ 友情の努力が実る、すばらしい相性、何でも言える仲、大親友、みんなに才能が認められる、評判が上がる、友情の願いがかなう

▼ 友情の努力が実らない、いったん仲良くなった人とはなれる、だらだらしたつき合い、友だちをコロコロ変える、うら切りのある人間関係

運命

△ 物事の完成、目的の達成、いい成果、満足する、健康的、生きる喜び、みんなにみとめられる、外国に関係することがラッキー

▼ 最後までやりとげられない、不完全、失敗、中断する、一度よくてもダメになってしまう、エネルギー不足、満足しない、やる気が出ない

Part 13

タロットカードうらない

キラかわ☆うらない研究会

うらない界で大活やく中の先生たちが大集合！　ジュニアのためのおもしろ＆楽しいうらないをいっぱい教えてくれたよ☆

カバーイラスト◆かわぐちけい
本文イラスト◆鼈甲／森野眠子／花村マリンカ／ミニカ／水玉子／
丘朝絵／林檎ゆゆ／かわぐちけい／猫野ココ／もっこ／これきよ／菊地やえ／
子兎。／おおもりあめ／ちょこまい／小山奈々美
本文デザイン◆萩原美和、橋本綾子、根本直子、菅野涼子（説話社デザイン室）
カバーデザイン◆菅野涼子（説話社デザイン室）
編集協力◆長澤慶子、野村彩乃、仲川祐香（株式会社説話社）
編集担当◆遠藤やよい（ナツメ出版企画株式会社）

本書に関するお問い合わせは、書名・発行日・該当ページを明記の上、
下記のいずれかの方法にてお送りください。電話でのお問い合わせはお
受けしておりません。
・ナツメ社webサイトの問い合わせフォーム
　https://www.natsume.co.jp/contact
・FAX（03-3291-1305）
・郵送（下記、ナツメ出版企画株式会社宛て）
なお、回答までに日にちをいただく場合があります。正誤のお問い合わ
せ以外の書籍内容に関する解説・個別の相談は行っておりません。あら
かじめご了承ください。

ナツメ社Webサイト
https://www.natsume.co.jp
書籍の最新情報（正誤情報を含む）は
ナツメ社Webサイトをご覧ください。

恋♥友★運命 ぜ～んぶわかる！

うらないスペシャル☆

2020年8月3日　初版発行
2023年9月10日　第3刷発行

監修者　**キラかわ☆うらない研究会**　　Kirakawa uranai kenkyukai,2020
発行者　**田村正隆**

発行所　株式会社ナツメ社
　　　　東京都千代田区神田神保町1-52　ナツメ社ビル1F　（〒101-0051）
　　　　電話　03-3291-1257（代表）　　FAX　03-3291-5761
　　　　振替　00130-1-58661
制　作　ナツメ出版企画株式会社
　　　　東京都千代田区神田神保町1-52　ナツメ社ビル3F　（〒101-0051）
　　　　電話　03-3295-3921（代表）
印刷所　ラン印刷社

ISBN978-4-8163-6876-9　　　　　　　　　　　　　　　　　Printed in Japan
＜定価はカバーに表示してあります＞＜落丁・乱丁本はお取り替えいたします＞
本書の一部または全部を著作権法で定められている範囲を超え、
ナツメ出版企画株式会社に無断で複写、複製、転載、データファイル化することを禁じます。